L'UNIVERS DE JEAN PAUL LEMIEUX

Gaëtan Brulotte

L'UNIVERS DE JEAN PAUL LEMIEUX

Avant-propos d'Anne Hébert

Fides

En couverture: Jean Paul Lemieux, *1910 Remembered* (1963).
Huile sur toile (108 × 148,8 cm).
Collection particulière, Québec (# DLT-91.07).
Photographe: Patrick Altman.

Cet ouvrage a bénéficié de l'appui de
University of South Florida Publications Council.

Données de catalogage avant publication (Canada)

Brulotte, Gaëtan, 1945-
L'univers de Jean Paul Lemieux
Comprend des réf. bibliogr.

ISBN 2-7621-1735-6

1. Lemieux, Jean Paul, 1904-1990.
2. Peinture canadienne – Québec (Province).
3. Peinture moderne – 20e siècle – Québec (Province)
4. Peintres – Québec (Province).
I. Titre.
ND249.L4B78 1994 759.11 C94-940788-7

Dépôt légal: 3e trimestre 1996
Bibliothèque nationale du Québec

Les Éditions Fides bénéficient de l'appui du Conseil des Arts du Canada
et de la Société de développement des entreprises culturelles du Québec (SODEC).

1904 - 1992

À la mémoire de
ma grand-mère maternelle,
Régina Lemieux.

AVANT-PROPOS

Le premier regard que le peintre Jean Paul Lemieux pose sur le monde est un regard d'enfant ironique. Il joue avec une petite ville, aux murs sans épaisseur, comme des décors. Il déplace ces décors à volonté. Il en fait des églises, à ciel ouvert, une basilique, tout un enchevêtrement de petites rues, une citadelle, un cap, la cour intérieure d'un couvent, la cabane à pan coupé des *Disciples d'Emmaüs,* un jubé, comme une vitrine ouverte, des routes de campagne, des patinoires entourées de clôtures. Il plante des arbres et des girouettes, des clochers en quantité. Il invente des *Fêtes-Dieu* fourmillantes d'enfants de Marie, de zouaves pontificaux, d'enfants de chœur et de bannières flottant au vent. Il dispose un *Enterrement* sur une route de terre, entre des champs labourés. Il met des bonnes sœurs partout. Il fait ressusciter Lazare, une seconde fois. La ville conserve son nom d'origine: Québec. Mais elle s'amuse bien plus qu'en réalité. Le peintre la fait danser, jouer, défiler et virevolter sans fin. Dans un espace réduit où la vie n'est plus que célébrations et jeux.

Mais déjà les *Ursulines* de 1951 et celles de 1955, tels des anges annonciateurs et amidonnés, préludent au temps nouveau, plus grave et dépouillé qui, peu à peu, va gagner toute l'œuvre de Jean Paul Lemieux. Pareille à une grande marée souveraine, étale, sans aucune violence, mais avec toute la patience corrosive de l'eau qui nivelle et polit sans cesse, emporte au loin tous les ornements non essentiels.

La grande époque du peintre commence à la fin des années 1950. Désormais cela se passe sur une scène presque nue. Sur une ligne d'horizon. Au plus haut point de l'attention, dans toute sa densité muette. À la crête de la vague, saisie dans le plus haut souffle de sa respiration. Avant de retomber et de disparaître. Ne nous méprenons pas, l'autre versant de la vie est là, insinué avec force, suspendu et qui prendra bientôt toute la place. Nous aspirera sûrement tous, avec nos *Matins clairs,* nos *Crépuscules* et nos *Grands prés, L'orpheline* et la *Veuve, Le train de midi* et *Les glaces au bord du fleuve, Les appartements Stanford, Julie et l'univers, Les champs blancs, Les grandes personnes, Le bel hiver, Les perles* et *Les servantes, Le supermarché* fantomatique où déjà la société de consommation, décharnée et livide, n'a plus que des os à ronger, sur des tablettes nues.

Le temps ici est plus que réel, décanté de tout ce qui pèse et attache. Le visible et l'invisible sont, sur le même plan, convoqués. Il semble ne pas y avoir de coulisses, avant la scène du tableau. Les paysages et les créatures vivantes surgissent d'eux-mêmes, à la fois denses et fluides. Venant presque toujours de la gauche pour basculer vers la droite, dans le vide. Les personnages sont décousus, les uns des autres. Sans fils qui dépassent et traînent. Il y a un espace infini entre chaque geste, chaque profil.

Deux groupes de *Promeneurs* se croisent, sans se voir, ni se rencontrer. Comme s'ils étaient transparents l'un à l'autre. Au milieu, un enfant en chandail rouge, égaré, ballotté, entre les deux groupes. Au centre de deux courants contraires.

1910 Remembered. Un petit garçon entre son père et sa mère. Le père à droite est déjà à moitié disparu. La mère à gauche se retire aussi, à reculons. Bientôt l'enfant sera seul. Il le faut. C'est la loi de solitude et d'espace appliquée dans toute sa rigueur.

Dans *Le long voyage*, un autre petit garçon hésite-t-il à entrer dans l'image à droite, il est aussitôt appréhendé, immobilisé. Coupé en deux dans toute sa longueur. Comme un poisson que la cuisinière fend au couteau.

La nécessité sans bavardage. «Nous faisons un art muet», disait Poussin. Tout a été vérifié, pesé, dépouillé, avant de passer la ligne imaginaire et de devenir esprit. Avec tout juste ce qu'il faut d'incarnation et de ressemblance avec la terre originelle pour capter notre reconnaissance et notre attention. La réalité ainsi atteinte dépasse le réalisme. Paysages et personnages, au centre de l'anneau parfaitement rond de leurs solitudes, deviennent la réalité remise au monde. Les créatures de Jean Paul Lemieux, placées dans leurs propres paysages, exercent la vérité, comme une fonction et un art de vivre autonome.

Il nous faut faire le silence en nous. Ce silence profond qui nous permet seul d'entendre le prodigieux silence de l'univers, à la fois austère et splendide, de Lemieux. Plus que le silence, c'est l'invisible qui rôde, qui demande à être capté par nous. Car nous sommes invités à cette contemplation. À cet au-delà. Inutile d'essayer de nous dérober à l'invitation pressante. À la convocation hors du temps. Pourquoi tenter de fuir comme certains personnages des tableaux, tout au bord du cadre? Préférons-nous donc à ce point la vie ordinaire? Elle est là partout, la vie ordinaire, sur la toile. C'est elle et ce n'est plus elle. La transfiguration a eu lieu. Un grand peintre a pris notre pays natal et l'a fait passer au crible de son cœur singulier.

Québec, Île aux Coudres, Montmorency, Charlevoix, Baie Saint-Paul, Plaines d'Abraham, l'Islet, la Gaspésie, les Cantons de l'Est, Blue Bonnets, Lac des Manitous.

Comme l'espace qui s'étend, à l'infini, dans de longs paysages déserts de neige ou d'été et se glisse entre des personnages solitaires, posés à plat sur le ciel ou le mur, le temps perdu hante toute l'œuvre de Lemieux. *Amélie et le temps*, *Les Parques* et tant d'autres toiles où la vie, sous nos yeux, s'achemine doucement vers la mort. Je pense aussi à certains tableaux où le mouvement est inversé. C'est vers l'arrière que nous sommes aspirés par une force irrésistible. Tous nos doubles antérieurs sont là, derrière notre dos, bien étagés, selon l'âge et l'époque, en générations pressées. *Les temps passés* persistent. Impossible pour nous seuls de rebrousser chemin et de reconnaître les ancêtres, au loin. De remonter le temps avec eux. Jusqu'à sa source perdue, son nœud d'origine, son noyau initial, dans la nuit du monde. Les disparus nous suivent. La crainte d'être changés en statues de sel nous empêche de risquer un regard, par-dessus notre épaule. Tandis que l'œil du peintre brave l'interdit, voit et nous fait voir, dans un éclair de sa propre lumière ce qui vibre, bat, respire imperceptiblement, dans l'ombre. Ces apparitions se fixent un instant, puis s'estompent, peu à peu, disparaissent, basculent au-delà de l'horizon. Dans la brume du temps.

«Entre les vivants et les morts, comme dit Claudel, le commerce n'a pas cessé.»

L'œuvre de Jean Paul Lemieux, si particulière et personnelle qu'elle soit, n'en demeure pas moins la meilleure introduction, la plus précise, la plus exacte, la plus rêveuse et la plus poétique à notre pays, immense et désert, habité, de-ci, de-là par des créatures éprouvant la vie et la mort, dans l'étonnement des premiers jours du monde. Le cœur mis à nu, sans faute, dans son évidence irréfutable.

Anne Hébert

INTRODUCTION

Né en 1904 et mort en 1990, Jean Paul Lemieux est l'un des peintres majeurs du Québec au XXe siècle. Au Canada, depuis longtemps, il est devenu une institution. Il a laissé plus de quatre cents oeuvres. La plupart de ces œuvres ont largement circulé dans le public sous la forme de reproductions, de lithographies, d'illustrations de récits, de timbres postes. Le peintre a été autant inspiré par l'album d'art et le livre d'artiste que par les commandes murales et les toiles libres. Sa vision de la réalité a d'ailleurs si bien marqué ses spectateurs qu'elle imprègne en retour la perception de la nature: si on ne peut plus voir du même œil les nénuphars parce que Monet les a immortalisés, de même on ne peut plus appréhender comme avant un paysage d'hiver plat et gris que Lemieux a peint. Des fragments d'expérience du monde sensible sont ainsi investis par des souvenirs de tableaux de l'artiste: c'est ce que l'on pourrait appeler les «effets de peinture» des œuvres fortes sur la réalité, inverses et complémentaires des «effets de réel» que contiennent et cultivent les œuvres.

Peut-être pourrait-on même encore parler d'effets de peinture à propos des prolongements multiples en création littéraire ou cinématographique que l'art de Lemieux a inspirés: la Société Radio-Canada, par exemple, a produit une dramatique télévisuelle séduisante adaptée des *Noces de juin.* Plus récemment, en un troublant épanchement du songe dans la vie réelle, des motifs de son univers fictif ont acquis le statut d'objets autonomes et sont apparus sous la forme de réalisations artisanales diverses: il y a désormais dans le commerce, des bijoux, des vêtements et des chapeaux créés à partir des images de Lemieux, des sculptures et des poupées modelées sur ses personnages... Bref, non seulement on peut vivre dans ses paysages, mais on peut maintenant porter Lemieux sur le dos, sur la tête, au doigt, au cou ou à la boutonnière, on peut vivre parmi ses figures et bientôt peut-être, pourquoi pas, monter dans ses voitures. On pourrait y voir une gadgétisation outrancière et réductrice de l'œuvre, mais c'est un des pouvoirs de cette peinture que de susciter une telle effervescence créatrice. Cet artiste n'était d'ailleurs pas que soucieux de la forme de son art: il croyait aussi aux vertus civilisatrices de la peinture. Un tableau pour lui était conçu comme un objet moral qui pouvait investir et transformer la réalité de tous.

Évolution: le rose, le gris et le noir

On distingue maintenant plus ou moins trois grandes périodes dans l'évolution de l'artiste:

1. — La période primitive, qui comprend les années de formation montréalaise de 1920 à 1937 (dont le rose *Intérieur* porte trace) et le détour engagé de 1937 à 1950: ces années prennent racine en plein obscurantisme officiel et sont dominées par des scènes folkloriques inspirées de l'imagerie populaire, où le réalisme, le pittoresque et l'anecdote triomphent, mêlés à une forte tonalité humoristique. C'est un art de critique sociale qui dénonce la misère du peuple, alors qu'il était interdit de le faire, tout en promouvant le dynamisme et le renouveau. Les éclats de rire qui surgissent de nombreuses œuvres incarnent la révolte contre les idéologies conservatrices de la société du temps. L'artiste expérimente aussi des audaces de facture en risquant des constructions savantes, des points de vue multipliés, des perspectives tronquées. Comme toile représentative de cette étape, on pense à *La Fête-Dieu à Québec.*

2. — La période classique comprend pour sa part: *(a)* le tournant simplificateur de 1950 à 1956, où l'anecdote et le détail réalistes s'éclipsent au bénéfice d'une nouvelle figuration plus sobre, et dont le chef-d'œuvre *Les Ursulines* témoigne; *(b)* les grands tableaux métaphysiques du sommet de sa carrière, de 1956 à 1970, années d'épanouissement de son art au cours desquelles Lemieux contredit spectaculairement les conventions du tableau narratif (perspective, échelle, cadre, luminosité) et propose une redéfinition du paysagisme. L'artiste reste attaché à son pays, aux saisons, au peuple, au passé, mais en dehors de tout réalisme folklorique. L'espace y devient désertique, intemporel, austère et tend vers l'abstraction. Il en résulte une mimésis renouvelée qui constitue sa signature singulière, si reconnaissable. *Le visiteur du soir* est représentatif de cette apogée.

3. — La période tardive, dite de maturité, de 1970 à 1990, montre une crise de confiance face aux valeurs ambiantes et est riche à la fois en livres et en albums d'art habités par de réconfortantes bouffées de temps retrouvé, mais aussi, surtout après 1980, par des visions apocalyptiques, angoissées par le futur, dont la facture, fébrile et néo-expressionniste, affirme un désarroi profond. *Hiver nucléaire* pourrait servir d'œuvre phare sur cette descente aux enfers.

On pourrait, par commodité, «chromatiser» ces étapes en périodes rose, grise et noire. Certains critiques se sont servis de ces divisions pour discréditer la première et la dernière périodes et ne s'en tenir qu'aux œuvres du sommet central. Le pari que l'on risquera, ici, sera de croire en une unité, dans la diversité des manières: il y a une cohérence imaginaire chez tout artiste et on en reconnaît les signes non seulement dans les grandes réussites, mais aussi dans toute autre inflexion de parcours. L'œuvre de Lemieux est une, ne serait-ce que par les questions essentielles qui l'agitent de bout en bout. Du début à la fin, un être lucide n'a cessé de s'interroger d'abord et avant tout sur ce qui le fait créer. Ce n'est pas que de la peinture, c'est une suite sur la création en acte. Depuis les premiers tâtonnements, voici un sujet peignant qui se sait seul dans l'immensité indifférente de l'univers, d'où il a émergé par hasard, seul face aux problèmes immémoriaux de la condition humaine et de la précarité des choses: d'où venons-nous? que sommes-nous? où allons-nous? Ces questions, on les retrouve, avec des accents variés, d'une période à l'autre, avec toujours un même bourdon d'accompagnement qui lie les œuvres entre elles et que la critique a pu identifier très tôt, dès sa première exposition: c'est-à-dire une sorte de «désespérance dans la tonalité» (*Le Soleil*, 14 novembre 1938). En 1939, Lemieux s'en justifiait déjà lui-même: «Existence veut dire souffrance, ennui, mort.» Cette poésie sombre marquera tout le reste de sa production et se reconnaîtra jusque dans les toiles tardives.

Minimalisme

La biographie du peintre, si elle existait, irait à l'encontre des stéréotypes de l'artiste bohème. Pas de conduites excentriques, pas d'attitudes provocantes, pas d'amours mouvementées avec les modèles, pas de pauvre grenier, d'oreille arrachée, de misère matérielle et physique, de suicide. Lemieux a apparemment mené une vie peu événementielle. C'est l'homme d'une femme, d'un enfant, d'une maison, d'un emploi. Cette existence minimaliste serait à l'image de son art, dont on a tant vanté l'extrême modestie des moyens.

À une époque où l'acrylique et les bombonnes éclaboussaient des canevas immenses, à un moment où le gigantisme de l'art pop et les violences rétiniennes de l'art optique aveuglaient la scène artistique, Lemieux, lui, utilisait un pinceau à deux poils pour dire de vastes univers sur un bout de toile étroit. Alors que l'hystérie de la coulée ou du dripping et les agitations de la pâte allaient leur train furieux, qu'essayaient de refroidir les ratiocinations géométriques, lui, il proposait un regard calme, arrêté, tout de compassion, sur l'essentiel: sur l'humain, qu'il soumettait à une composition souvent compassée, mesurée, minutieuse, exacte, elliptique, tout à fait à contre-courant des lyrismes faciles et des formalismes coincés. Il a ainsi donné une œuvre qui est à l'image de sa vie: laconique dans l'usage de la couleur ou de la lumière, autant que dans le traitement du dessin et de la caractérisation. Et ce minimalisme est parvenu à soulever l'émoi, la réflexion et l'émotion esthétique. Avec rien, un point, une ligne, un lumen, il a élaboré un véritable traité des compassions.

Famille d'esprit

Jean Paul Lemieux nous propose un monde d'attente et d'immobilisme où règnent en apparence la solitude, le spleen, le silence, l'incommunication, le vide. Ce sont là des thèmes majeurs qui hantent la conscience du XXe siècle et qui rattachent bel et bien Lemieux à son époque.

D'autres artistes ainsi que nombre d'écrivains ont en effet traité de ces mêmes problèmes, avec des variantes dans la manière. Chacun porte en soi sa famille d'esprit et son musée imaginaire, qui se définissent par quelques affinités esthétiques. Quelles sont celles de Lemieux? Les rapprochements effectués par la critique d'art font référence autant à la littérature qu'à la peinture. D'abord certains textes littéraires anciens ou contemporains ont nourri l'art de Lemieux, dont, au premier rang, des romans comme *Maria Chapdelaine* de Louis Hémon et *La petite poule d'eau* de Gabrielle Roy. On a aussi surnommé le peintre «le Proust de la peinture québécoise» (Folch-Ribas), dans la mesure où il a avoué sa prédilection pour l'auteur d'*À la recherche du temps perdu.* On a pu encore apparenter son univers à celui de littéraires comme

Tchekov, Wilde, Kafka, Faulkner, Beckett. On pourrait certainement joindre à cette liste Nelligan, Saint-Denys Garneau, Michaux, Buzzati, Barthelme, Handke ou Pinter. Lemieux a avoué avoir aussi été influencé par Gœthe, Nietzsche et Spengler.

Ensuite, comme parenté picturale, on a signalé un vaste réseau d'influences européennes et nord-américaines qui vont du Moyen Âge au XXe siècle, de l'art biblique médiéval ou de la Renaissance italienne à Francis Bacon ou Balthus en passant par le romantisme allemand (Caspard David Friedrich), Cézanne, Munch, le surréalisme (maisons insolites de Magritte, espaces métaphysiques de Chirico, regard lunaire de Delvaux), l'expressionnisme (Holder, Nolde, Albright), le régionalisme américain (surtout Hopper, Georgia O'Keefe et Wyeth), les *Color Fields Painters* (Rothko, Newman) et, en art canadien, Ozias Leduc (que Lemieux admirait), le Groupe des Sept, Holgate, Goodridge Roberts, Colville. La critique d'art officielle a déjà montré combien Lemieux est proche des grands courants esthétiques de son époque. Son art s'est cependant développé d'une manière indépendante, loin des modes. Il s'est toujours méfié des dogmes ou des écoles, et cherchait à marcher librement en dehors des sentiers battus. S'il fut l'un des premiers à célébrer en 1940 l'audace moderne d'un Pellan, par exemple (*Le Temps*, 8 novembre 1940), et à présenter ce peintre à un autre révolté d'alors, Borduas, il laissa vite ces rivaux à leurs querelles de chapelle et poursuivit sa propre voie introspective. Dans *Leçons américaines*, Calvino dégage deux tempéraments créateurs: celui qu'influence Mercure, qui a le goût des échanges et du commerce avec les autres, et qu'il a opposé au saturnien, mélancolique, contemplatif et solitaire. Nul doute que Lemieux appartienne à cette dernière classe d'artistes.

Pour situer son travail, Marie Carani a décisivement montré (102-109) que Lemieux a réussi à dépasser l'opposition esthétique qui divisait l'art de son temps en figuration et en abstraction. Ce qui compte pour lui, c'est l'expression accordée, équilibrée et interdépendante des éléments figuratifs et abstraits. Il a inauguré une autre voie picturale dans les années 1950, «saturée de données formelles, qui garde des liens avec la tradition, tout en la reformulant dans le sens des modernes, quand ce n'est en empruntant des structures de composition proprement modernistes» (Carani, 106). Convaincu qu'on peut hériter de la tradition sans s'y enliser, Lemieux conserve avec entêtement et audace la figure iconique dans l'espace: paysages, personnages, visages, villes, objets naturels, mais en les intégrant au travail de la forme, de la structure et de la matière picturale. Il pratiquera, à partir des années 1950, une nouvelle figuration, à mi-chemin entre la figuration traditionnelle et l'abstraction pure, qui fera office de renaissance visuelle, où le jeu formel des lignes horizontales, verticales, diagonales, assoira le dépouillement du tableau tout en soutenant la présence forte des éléments imagiers.

L'amateur de peinture

Ce livre n'est pas un ouvrage classique de critique d'art. On ne commente pas la technique picturale, on ne cherche pas à retracer l'évolution du peintre, on ne tente pas de le situer dans l'histoire de l'art.

Ne tenant pas un discours canonique je revendique le simple statut d'amateur. Si Lemieux détestait la critique, il n'a en revanche jamais déprécié l'amateur. En adoptant ce rôle, il semble qu'on soit d'emblée dans une attitude de réception que le peintre approuvait et qu'il a peut-être même encodée dans son œuvre.

L'amateur, c'est, dans ce livre, l'homme ordinaire de la peinture, un être sans qualités, dont les objets de plaisir deviennent des objets de savoir et non l'inverse (Schefer). Le propos d'un amateur de peinture se rapprocherait, en gros, de celui que pourrait tenir chacun de nous, spectateur qui fréquente les musées. Ce récepteur est constitué des cinq sujets (au moins) qui regardent la peinture et qui sont, d'après Barthes dans *L'obvie et l'obtus* (176): le sujet de la culture (celui qui ne fait pas complètement abstraction de son savoir, littéraire ou autre), le sujet de la spécialité (ici, celui qui lit des histoires de l'art), le sujet du plaisir (celui qui, paresseux, affirme la beauté sans commenter ou s'attarde sur un détail apparemment sans importance), le sujet de la mémoire (celui qui effectue des rapprochements d'œuvres ou reconstruit le récit pictural, mais aussi celui qui voit les effets de peinture dans le réel), le sujet de la production (celui qui imite l'œuvre ou la prolonge en écriture). L'amateur essaie d'être un peu tout cela à la fois.

Considérations opératoires

Ce statut particulier (ou plutôt, devrait-on dire, général, puisqu'il a la particularité d'être plus généralisé que celui de spécialiste) entraîne des conséquences au plan méthodologique.

1. Simplifier — D'abord, les sources du commentaire sont réduites à une seule: c'est l'œuvre de Lemieux, rien d'autre. Il n'y a pas eu de consultations externes, notamment auprès de Lemieux lui-même (ce livre ayant été commencé en 1988, alors que le peintre était encore vivant, cette option existait) ou des proches de l'artiste ou de spécialistes. J'ai volontairement renoncé à tout cela, non par suffisance, mais par souci d'avoir le rapport le plus dénudé possible avec les œuvres. L'objectif n'étant pas d'élaborer une biographie, l'amateur n'a pas à recourir à des témoignages ni à s'appuyer sur un discours de voisinage. Au contraire, on a eu ici constamment à l'esprit le conseil de Gide: «Avant de découvrir des terres nouvelles, il faut consentir à perdre de vue tout rivage.» On serait même fortement tenté de corriger Gide en écrivant: «Afin de...» plutôt que «Avant de...»

L'amateur assume donc seul, dans ce parcours, le risque de son aventure. En cela, il paraît obéir à une double prière que l'œuvre de Lemieux elle-même semble nous adresser et qui est, d'une part, de simplifier au maximum et, d'autre part, d'être toujours conscient de sa solitude. À l'instar du travail du peintre, le commentaire devient celui d'un soliste (sur fond d'accompagnement minimal, bien sûr) et prend un tournant radicalement simplificateur. Le regard critique sera donc aussi dénudé que l'objet critiqué. Une solitude est ainsi confrontée à une autre solitude. Là encore, n'est-ce pas souvent la situation courante du spectateur ordinaire?

Ensuite, on considérera comme d'une égale importance, pour notre propos, une estampe reproduite à plusieurs exemplaires et une huile originale. Cela implique qu'on se permette aussi de travailler, à l'occasion, à partir de reproductions, ce que ne veut jamais faire (ou avouer faire) la critique d'art. Le contact physique et direct avec l'œuvre visuelle originale est bien sûr toujours privilégié lorsque possible (grâce surtout aux rétrospectives de 1992-1993), mais de nombreux tableaux de Lemieux ne sont guère accessibles. Leur dispersion dans des collections particulières rend difficile toute étude d'ensemble de cette œuvre qui se limiterait aux originaux. On est donc conscient ici que, tout en se mettant dans une situation analogue à celle du grand public qui ne connaît le plus souvent les peintures de Lemieux que par reproductions interposées, on travaille sur un corpus peut-être, par endroits, différent des toiles originales. Mais le propos ne suggère qu'une actualisation de l'œuvre parmi bien d'autres possibles.

Le commentaire s'alignera encore sur l'œuvre commentée en ce qu'à son instar, il sera modeste également dans sa conduite d'ensemble. Pas d'arrogance, ni de maîtrise. Ce sera une sorte de conversation esthétique sous le signe de la discrétion, de la retenue, de l'intimisme. Quelques aspects sont effleurés, sans tapage, en dehors de tout esprit de système, au risque de laisser l'impression d'une faiblesse ou d'une sorte de *non finito.* De nouveau, on en assume le risque. L'injonction de simplicité suppose aussi qu'on se démarque des discours esthétiques magistraux qui ont entouré l'art des grandes solennités de la paraphrase et dont l'intérêt tient surtout dans la force du style (Faure ou Malraux, par exemple). Le seul style qui s'impose ici, c'est le contraire de l'enflure, de l'ornementation et du couronnement: c'est celui du dépouillement jusqu'à la sécheresse, voire jusqu'à la froideur. Cette âpreté de ton épouse en cela le principe esthétique des œuvres classiques du peintre.

2. *Sémiographie* — Face à l'œuvre et face au travail d'une vie que l'artiste y a concentré, l'approche critique ne peut tout de même pas se permettre d'agir comme un dormeur éveillé, mais elle peut être un bonheur éveillé. On veut dire par là qu'une attitude d'accueil et de sympathie n'empêche pas de garder une conscience alerte dans la contemplation. Le bonheur dont il s'agit n'est pas béat. La liberté du spectateur doit ici s'associer nécessairement à une rigueur dans l'analyse.

Le principe de cette rigueur pourrait s'inspirer des réflexions barthiennes sur l'art dans *L'obvie et l'obtus*. À propos de la *Scénographie d'un tableau* de Jean-Louis Schefer, Barthes suggère que le tableau n'existe que dans le récit qu'on en donne ou la somme des lectures que l'on peut en faire, et n'est jamais que sa propre description plurielle. Le travail de lecture des peintures est d'abord cela: un travail d'écriture. L'espace de la toile est traversé par le texte, la pose devient prose: les signes picturaux sont dissociés de leur espace, déplacés sur la page, étalés en mots, redisposés en réseau par affinités profondes. Ce travail de lecture, de mise en mots et de réorganisation n'a rien à voir avec l'application d'une méthode ou d'un savoir extérieur, comme la sémiologie, à l'œuvre d'art. Il cherche plutôt à réduire la distance censurante qui sépare institutionnellement le tableau et le texte pour donner naissance à ce que l'on pourrait appeler une *sémiographie* généralisée. Barthes appelle des «sémiographies» les peintures elles-mêmes d'un artiste qu'il commente: Masson. Ici, on souhaiterait employer le mot dans un sens autre, pour définir le commentaire lui-même qui reconstruit ou réaménage en signes verbaux un espace regardé. Une sémiographie, c'est donc un *texte* de spectateur d'œuvre d'art et constitué à partir de signes repérés dans les tableaux. Le présent ouvrage est une sémiographie, et il se démarque d'une sémiologie dans la mesure où ce travail ne se veut pas de haute voltige technique.

La sémiographie se nourrit non seulement du récit qu'on peut donner des peintures, mais aussi, par exemple, du détail qui frappe, des corrélations obtenues en brisant l'isolement de chaque œuvre, des visions sollicitées par une focalisation rapprochée, du noyau de sens qu'on y repère, de la mise à jour de signes enfouis, de l'attention aux gestes subtils qui structurent l'espace et la relation à l'autre, des postures fictives qui silencieusement parlent, des fragments de *picto-roman* (comme on dit photo-roman) qui s'articulent d'œuvre en œuvre, du jeu des associations que l'artiste suscite avec les produits d'autres créateurs et de la moralité que contient le travail pictural. «Vous avez dit: moralité?» Oui.

> L'artiste, écrit Barthes, n'a pas de morale, mais il a une *moralité.* Dans son œuvre, il y a ces questions: *que sont les autres pour moi? Comment dois-je les désirer? Comment dois-je me prêter à leur désir? Comment faut-il se tenir parmi eux?* Énonçant chaque fois une «vision subtile du monde» (ainsi parle le Tao), l'artiste *compose* ce qui est allégué (ou refusé) de sa culture et ce qui insiste de son propre corps: ce qui est évité, *ce qui est évoqué,* ce qui est répété, ou encore: interdit/désiré: voilà le paradigme qui, telles deux jambes, fait marcher l'artiste, *en tant qu'il produit.* (*L'obvie et l'obtus,* 159)

Dégager cette «vision subtile» et la mettre en mots, voilà en quoi pourrait se résumer l'objectif de la sémiographie. C'est dire qu'elle n'est pas qu'un simple dérivé de l'art: elle ne consiste pas à dire en mille mots ce qu'une toile condense fort bien en un trait. Elle est effort de compréhension de l'œuvre et d'interprétation, effort de déconstruction et de reconstruction des signes pour en montrer l'organisation profonde.

3. Méthode et compagnons de langage — L'amateur, on ne le dira jamais assez, se méfie de la méthode comme *préalable* à la recherche. La méthode se définit à partir de l'œuvre elle-même et au fur et à mesure qu'on avance. Il n'y a pas une grille de départ qu'on appliquerait sur l'œuvre et à laquelle on la forcerait de se soumettre. Les peintures communiquent au percepteur, avant toute autre chose, leur protocole de lecture. Le tableau est sa propre théorie. Comme le croyait Nietzsche: «Ce n'est pas la théorie qui pense l'art, mais l'art qui englobe la théorie.» C'est l'œuvre elle-même qui dicte la sémiographie, c'est-à-dire qui signale les directions à suivre par l'écriture, pointe les avenues et les ruelles, attire le regard ici plutôt que là, bref qui commande les registres du commentaire, l'angle d'attaque, le détail à faire ressortir, le style adopté, la méthode employée.

Il est d'usage au seuil d'un ouvrage d'en présenter le vocabulaire opératoire. Là encore l'amateur critique a été amené à créer son propre langage, élément naturel de sa sémiographie, en suivant en cela une fois de plus les leçons de Lemieux qui a inventé non seulement des vêtements et des chapeaux en marge de l'histoire du costume, mais aussi son propre langage pictural à mi-chemin de la figuration et de l'abstraction. Le critique est, ici, incité par l'exemple à devenir «logothète». Comme l'œuvre de Lemieux, qui est synthèse de plusieurs courants et qui a dépassé les pensées plastiques de son temps, l'amateur subvertira le cadre des disciplines.

Il y a le principe: l'écoute maximale des signaux que l'œuvre envoie. Mais ce principe n'enferme pas le sémiographe dans un esclavage et laisse place à des compagnons de langage avec lesquels cette aventure se déroule, qui l'éclairent et l'entraînent. Pour la lecture des tableaux, on accueillera ainsi selon les besoins du commentaire:

— l'analyse des images publicitaires, en étant confiant que cette analyse peut fournir des éléments d'information sur le langage visuel; on transposera des aspects du travail de G. Peninou dans le domaine: le code chromatique; le code typographique (titres et mots dans la peinture); le code morphologique (localisation de la figure au sein de l'image); le code photographique (les techniques de plan, sélectives et emphatiques, la manipulation de l'échelle dimensionnelle ou volumétrique de la figure);

— la phénoménologie telle qu'elle a été adaptée par la critique littéraire: l'imagination matérielle et élémentaire (Bachelard), le rapport au temps (Poulet), l'univers de la sensation (Richard);

— la sociologie américaine (Hall), l'anthropologie française (Le Breton), la philosophie actuelle (Lipovetsky), la sémanalyse (Kristeva), la sémiologie de Barthes.

On s'inspirera aussi de la narratologie: des notions comme le narrateur et le narrataire serviront à créer le *picturateur* (le sujet peignant: l'instance implicite qui peint dans le tableau) et le *picturataire* (le spectateur implicite de l'œuvre, celui d'aujourd'hui, d'hier et de demain, celui d'ici et d'ailleurs). Comme en littérature, il existe en arts visuels un ensemble de contraintes préalables à l'artiste et à tout geste plastique: la sémiologie visuelle a déterminé que ce qu'elle appelle le plan originel est un implicite de la peinture. À partir d'un carré idéal, le support physique de base du fait pictural a un plan frontal délimité et présenté à la verticale. Cette surface matérielle destinée à porter l'œuvre contient implicitement des tensions antagonistes entre la gauche et la droite, la verticale et l'horizontale, le bas et le haut, le chaud et le froid, le masculin et le féminin, l'actif et le passif, le proche et le lointain (*cf.* Saint-Martin). On pourrait ajouter les points cardinaux, le nord coïncidant avec le bord supérieur du tableau (point cardinal de l'espace pictural auquel un peintre du septentrion comme Lemieux ne peut qu'être sensible). Notre couple picturateur-picturataire travaille forcément avec cet implicite de la peinture. Il fait d'ailleurs lui-même partie du plan originel.

De ce frottement des langages, des éclairs sémiographiques devraient pouvoir surgir et aider à prolonger les points que soulèvent les œuvres de Lemieux.

4. Haptisme — Un concept reviendra également, sans insister cependant, c'est celui de *haptisme*, concept opératoire et descriptif.

Le mot *haptisme* vient du grec et renvoie à l'idée de saisir, mettre à part, et, ce faisant, mettre en évidence. Le haptisme magnifie le petit, l'expose davantage à la signification. En peinture, le regard haptique porte une attention particulière aux détails et, de ce fait, s'intègre à cette nouvelle histoire rapprochée de la peinture qu'on a commencé à élaborer (*cf.* Arasse). En cela, cet œil sémiographique collé au tableau n'est pas très respectueux des diktats de distance qui gèrent la bonne perception des œuvres et qui ont traditionnellement déterminé toute l'histoire de la peinture.

À propos de la photographie, Barthes, qui s'en est fait le phénoménologue dans *La chambre claire*, a distingué deux registres d'observation: le *punctum*, le détail poignant qui saisit l'observateur, et le *studium*, l'intérêt intellectuel et poli suscité par une image. En peinture, le regard subjectif du sémiographe s'arrêtera surtout au *punctum* des tableaux. Il sera attentif non seulement aux petits faits isolés, mais aussi aux réalités virtuelles que le peintre a explorées, tel que, par exemple, le langage de l'horizon (l'art de Lemieux recélant des formes secrètes et des sens cachés). Il tentera de s'attarder à ce qui lui semble avoir été négligé par la critique officielle, à des aspects passés sous silence, considérés comme secondaires, voire jugés insignifiants ou frivoles. Il ira notamment du détail insistant (comme une imperceptible inclinaison du corps) au thème qui travaille en hypogée (tel celui de l'anglais), du manifeste (tel un élément comme l'eau) à ses significations profondes et inconscientes.

Appliqué à l'image, le haptisme n'est pas qu'un regard critique (un concept opératoire), c'est aussi un courant artistique dont Lemieux est un représentant, avec ce nouvel iconisme qu'il a créé et dont la critique d'art a commencé à décliner les composantes. Relevant de la nouvelle figuration, son invention se manifeste notamment dans la disposition des figures, dans leur fragmentation et leur «décadrage», dans une proxémie chargée de sens. Au réalisme nouveau du motif, se combinent un traitement formel de l'image et une abstraction symbolique qui ouvre sur une mythification haptiste du monde. Tout le propos de Lemieux consiste à déplacer une misère quotidienne vers un autre cadre non fonctionnel, qui lui confère une signification esthétique. Lemieux libère la peinture représentative de ce qu'elle semble représenter. Ce processus est typiquement haptiste. L'impact métaphysique de la recontextualisation de l'humain fait également partie des caractères haptiques de la peinture de Lemieux. Devant un tableau de ce peintre, le spectateur se sent aussi happé par l'énergie suggestive de l'œuvre, interpellé par le regard saisissant des figures qui, elles-mêmes dévoyées d'un contexte d'habitudes, emportent le spectateur avec elles dans leur solitude et l'aident à transcender l'ordinaire de la vie. Cet effet d'emprise et d'emportement est haptique et on ne peut plus éloigné des réceptions distantes qu'imposaient les œuvres abstraites et géométriques.

À la recherche du Récit perdu

La structure de l'ouvrage, qui est légère et minimale, repose sur des aspects qui ont été soulevés par l'œuvre elle-même. J'effectuerai en gros, dans une première partie, une lecture de l'espace et du temps, alors qu'on consacrera la seconde partie au corps et à ses relations à l'autre.

Je tenterai de passer en revue l'œuvre picturale de Lemieux sous des angles qui paraîtront sans doute peu canoniques dans le traitement, mais qui offriront, on peut l'espérer, des vues différentes sur la démographie du peintre, sur sa géographie imaginaire, sur ses silences cerclés de bistre, sur ses solitudes hivernales, sur la mélancolie, sur ses messages cachés dans de sombres couleurs, sur son exploration du code de la représentation, sur son organisation picturale.

Ces analyses se proposent de mettre à jour les fondements de l'univers imaginaire de Lemieux. On découvrira que cet univers sensible reflète avant tout un monde intérieur: «Le milieu qui m'entoure, confesse le peintre, m'intéresse seulement parce qu'il me permet de peindre mon monde intérieur.»

C'est en quête de ce monde intérieur que je me suis lancé tant bien que mal, en ayant à l'esprit un objectif simple: reconstituer des fragments du grand Récit (de la «vision subtile») qui, enfoui et disséminé dans les toiles, se trame au fil des œuvres. En mettant en relation des personnages, des décors, des situations, des motifs, des sensations, des formes, des mouvements, des matières, des couleurs, il s'agit de faire ressortir dans l'œuvre les scènes constitutives d'une grande épopée subjective. L'ensemble de ce projet sémiographique pourrait ainsi s'intituler: *À la recherche du Récit perdu.*

PREMIÈRE PARTIE

L'ESPACE ET LE TEMPS

1
L'ailleurs

C'est souvent dans l'ailleurs que l'on se trouve soi-même. Lemieux semble avoir peu voyagé. Mais deux pays étrangers, étrangers de son point de vue bien sûr, l'ont manifestement marqué: les États-Unis et la France, c'est-à-dire les deux principales cultures de référence qui imprègnent l'imaginaire des Québécois.

Les États-Unis et les mots anglais

Jean Paul Lemieux passait ses étés d'enfance à Kent House près de Québec et ces périodes de vacances contribuèrent à l'ouvrir décisivement à l'influence anglosaxonne. Kent House est un manoir construit sur les hauteurs des chutes Montmorency en 1780 par le général Haldimand, alors gouverneur anglais du Bas-Canada, et loué plus tard au duc de Kent, d'où son nom, avant de connaître diverses affectations, dont celle d'hôtel de luxe. C'est près de ce manoir qu'à dix ans, pendant l'été 1914, Lemieux rencontra l'artiste américain Charles Parnell qui s'affairait alors à une série de peintures destinées à rafraîchir l'intérieur de l'hôtel. Le jeune Jean Paul fut littéralement magnétisé par le travail du peintre et, à partir de ce moment, commença à demander des pinceaux à ses parents. C'est donc un modèle américain qui inspira le jeune artiste en herbe. Cette détermination anglo-saxonne de sa vocation s'accentua lors de son exil aux États-Unis, en 1916, quand sa famille, constituée de sa mère et de deux autres enfants, Henri et Marguerite, déménagea à Berkeley en Californie: alors âgé de treize ans, il créa là-bas ses premiers dessins.

L'art semble ainsi naître pour lui dans la brisure d'avec un cadre familier, dans le dépaysement, dans le déracinement. En Californie, le jeune Jean Paul, tout en commençant à dessiner, apprend aussi l'anglais. Les deux mondes, celui de la peinture et celui de la culture américaine, vont désormais s'associer pour toujours dans son esprit.

La famille ne reste dans l'Ouest américain qu'un an seulement, mais ce séjour suffit pour le marquer définitivement et lui faire orienter sa vie vers l'univers pictural. Lorsqu'il revient à Montréal, c'est une dame anglaise qui l'initie à l'aquarelle. Ces avatars biographiques lointains inscrivent les premiers actes artistiques de Lemieux dans la sphère anglophone.

D'où sans doute l'influence exercée sur lui par l'œuvre de nombreux confrères anglo-saxons, intertexte qu'il a volontiers reconnu avoir cultivé tôt dans sa vie. Dès 1931, il visitait les musées et les galeries de Chicago, de New York, de Boston. Il s'est passionné pour le mouvement réaliste dans la peinture américaine de l'époque: Hopper, dont il est si proche par bien des aspects, Hart,

Benton, Wood, Hartley. Leurs commentaires sociaux l'ont intéressé. La sauvagerie nordique du Groupe des Sept, ce célèbre groupe de Canadiens anglais qui ont peint pour la première fois la solitude des espaces déserts du Grand Nord, autant que les visions fantastiques de William Blake l'ont également sollicité.

De sa familiarité dès l'enfance avec le monde anglais date aussi sans doute la présence singulière du thème anglo-saxon que Lemieux développera plus tard dans sa peinture, dont la critique ne parle pas, mais qui semble important. Autour de Kent House notamment, ce lieu aux consonances déjà révélatrices et qui a manifestement surdéterminé son imaginaire, le peintre a élaboré de multiples œuvres: la plus célèbre porte tout naturellement, faut-il s'en étonner? un titre anglais, *1910 Remembered*, et évoque ces moments plus ou moins paradisiaques de son enfance. En outre, ce n'est assurément pas par hasard que Lemieux a choisi de rédiger en anglais (ce qui est tout de même fort inusité pour un Québécois francophone) le texte d'un album qui évoque les beaux jours de Kent House et qu'il a justement intitulé *Time Remembered*. Mais en revanche, c'est également dans la langue de l'autre qu'il a rédigé ses carnets de notes des années 1930 et ses notes pessimistes sur le futur de l'Amérique du Nord: «*Sketches taken during an expedition to the poisoned lands of Northern America in the year 2082.*» Dans la vision du peintre, le XXIe siècle sera américain et la langue anglaise semble devoir survivre dans l'avenir aux plus grandes catastrophes planétaires.

De toute évidence cette langue, à la fois intime et étrangère, jouit d'une présence privilégiée dans son œuvre picturale. Le peintre choisit souvent des noms anglais pour intituler ses tableaux. Ces noms évoquent tantôt des lieux connotant l'élite possédante, comme *Country Club, Indian River* ou *Les appartements Stanford*; tantôt des moments ou des rites qui se réfèrent à une mémoire ou une réalité culturelle anglo-saxonnes, tels *Remembered, Five O'Clock, Cup of Tea*; tantôt des personnages, les uns rigides, comme Miss O'Rorke (venue de l'univers romanesque de Gabrielle Roy), partisane de l'Union Jack et fanatique de l'Empire britannique, les autres marginaux tel *Killer Joe*, ou encore représentant une élégance ou une innocence souriante, telles *Miss Knight* ou *Jenny*.

Parfois des mots anglais se reconnaissent dans l'affichage que le peintre accroche à ses bâtiments iconiques: ainsi dans *Ville* qui date de 1940, ou dans un croquis des Cantons de l'Est ou encore dans un dessin «Devoir du dimanche», Lemieux a tenu à signaler l'enseigne anglaise des services, des bureaux, des publicités: *Repairs, Office, Salada Tea is Delicious, A Hectic Night, Sunday, Today*. Cette pratique discursive n'a pas d'équivalent dans la peinture québécoise de l'époque. Lemieux fait par là référence à un monde parfois impitoyablement jugé par lui comme sordide: celui du commerce, de l'industrie, de l'automobile, de l'administration, tous complices d'une société alors dominée par l'anglais. Le peintre annonce ainsi à sa façon la critique sociale qui allait se développer plus tard dans les années 1950-60 dans le Québec francophone avec les «poètes du Pays», la montée de l'indépendantisme et l'intolérance face à l'omniprésence du fait anglais.

Ce qui intéresse également le peintre, ce sont les territoires où on pratique la langue anglaise et les images que ces lieux suggèrent. Nombre de sites peints par l'artiste appartiennent effectivement à des aires géographiques anglo-saxonnes: les plages américaines, la Floride, la Californie de son adolescence, les provinces canadiennes anglaises (comme dans *Charlottetown Revisited*, ville qui a vu naître la Confédération canadienne). Ces représentations renvoient souvent à un univers de loisirs immenses, lié, bien sûr, au pouvoir et à l'argent: voyez l'aise et le snobisme de *Country Club* où deux dames élégantes déjeunent ensemble, avec, dirait-on, toute l'éternité devant elles; ou le ridicule mondain et guindé, dans *The Birds I Have Known*, de huit personnages que le peintre a alignés les uns à côté des autres, comme des oiseaux sur une branche, avec un mordant esprit satirique: oisifs, chics, pincés et précieux, ils se découpent grotesquement sur le drapeau britannique en arrière-fond.

Face à l'opulence anglo-saxonne, Lemieux ne reste jamais neutre. Le luxe est à la fois éclatant et profondément triste dans *Five O'Clock*: une servante entre dans une pièce pour vraisemblablement porter le thé à une dame riche esseulée et couverte de bijoux qui nous fait face dans une grande pièce sous un énorme lustre en cristal, entre deux fauteuils de style. On pourrait presque l'entendre dire: «Gretchen, verse le thé aux tasses de Yeddo», en souvenir du poème de Nelligan qui porte le même titre *Five O'Clock*. L'image ici contient une morale implicite et banale: l'argent ne rend décidément pas heureux et ne suscite pas l'envie. Lemieux n'hésite pas à l'occasion à remoraliser la peinture, préoccupation qui l'associe à la postmodernité.

Cette œuvre, *Five O'Clock*, dont le thème explicitement anglo-saxon est évoqué dès le titre, nous livre sans doute la clé de bien d'autres toiles qui mettent en scène des servantes ainsi que des femmes ornées de perles. La critique a déjà repéré chez Lemieux ce leitmotiv de la femme au collier comme élément obsessif. Le collier signale de toute évidence l'aisance matérielle, comme chez ces Indiens qui portent leur compte d'épargne au cou, et semble exclusivement réservé à une élite féminine «étrangère» (dont les traits xénographiques sont plus ou moins perceptibles): voir par exemple *Le collier, Le déjeuner, La dame de cœur.*

Outre les dénotations et les connotations de richesse matérielle que le peintre associe au monde anglo-saxon, on peut aussi trouver celles, complètement opposées, de la destruction, laquelle semble être une conséquence inévitable d'une industrialisation outrancière. Sous le titre *Aftermath,* Lemieux décrit ce qui reste d'une ville après une explosion nucléaire. Ici l'utilisation de l'anglais noircit ouvertement le pouvoir qui s'y associe: le propos du peintre devient politique et polémique. La domination économique des anglo-saxons (sous-entendu: des Américains), débouche alors sur une vision négative, celle de l'anéantissement de la planète.

De là peut-être la réception étonnamment froide, voire agressive, que lui réserve même encore aujourd'hui la critique d'art anglo-saxonne, par exemple dans *The Gazette.*

La France et le cogito spatial

En 1954, à l'âge avancé de cinquante ans — «Un artiste commence vraiment à faire quelque chose vers cinquante ans», dit-il à Normand Biron (308)—, Lemieux effectue un séjour marquant en France avec sa femme Madeleine et sa fille Anne. La petite famille s'installe sur la Côte d'Azur pour cinq mois et le peintre rapportera de ce voyage une série d'œuvres mettant en scène les paysages français qui l'ont frappé, non seulement sur la Riviera, mais aussi en Bretagne, qu'il a aussi visitée. Mais ce voyage lui vaut beaucoup plus que ces quelques toiles exotiques: il l'électrise et transforme sa vision du monde. Après son retour au Canada en 1956, il commence en effet à développer dans sa peinture une nouvelle approche des êtres et des choses, de l'espace et du temps. Il a cinquante-deux ans et a enfin trouvé sa voie esthétique. La distance prise d'avec les paysages de son sol natal lui permet de les considérer d'un œil neuf. Il suffit au fond de mieux regarder autour de soi: tout est là. Se méfier des influences. Être soi-même. Exprimer son être profond et conférer une plus ferme consistance à sa propre sensibilité. L'ailleurs réaffirme ainsi le principe d'enracinement et d'authenticité comme source de l'art.

Tel est le cogito de Lemieux: la découverte sur le tard, par le biais de la France, de son propre pays. «Je ne pourrais pas peindre à l'étranger.» Voilà ce que la patrie des impressionnistes lui fait découvrir. Le véritable ailleurs, l'ailleurs intérieur, il le vivra donc finalement chez lui, dans son jardin. En revenant d'Europe, il est vivement saisi par l'étrangeté des paysages québécois et leur indéniable originalité. Le Nord de l'Amérique, soumis aux excès saisonniers, s'offre désormais à lui comme un sujet pictural particulièrement inspirant et immédiatement accessible.

«Nous avons tout ce qu'il nous faut ici, autour de nous et en nous, dit Lemieux à Lise Nantais, pour exprimer un pays difficile, grand et beau. Un authentique, un fort ne se préoccupe pas d'être à la mode.» Et rappelant la sagesse de Corot: «Celui qui suit est toujours derrière.»

(*Le Devoir*, 23 janvier 1961) Il s'agit donc de faire de l'art avec le paysage qui lui est familier. Il aime alors ses vertus panoramiques et le défi visuel qu'entraînent l'infini, l'austérité de l'horizon, son ennui, sa sauvagerie; le silence sidérant de ce vaste pays, la surdité des couleurs, le sentiment d'isolement et de solitude devant les espaces blancs, le dépouillement presque abstrait et stimulant pour l'imagination et la réflexion. Cette nouvelle vision lui est venue pendant qu'il traversait en train la région plate des environs de Trois-Rivières. «À partir de 1956, après l'année passée en France, dit Lemieux, je ne vois plus les choses de la même façon. Une vision totalement différente se développe, une vision surtout horizontale, que je n'avais jamais sentie auparavant. Je n'avais jamais remarqué jusque-là combien notre pays est horizontal.» (Robert, 111) Cette horizontalité qui décourage l'appropriation, ces étendues sans fin de neige, ces steppes froides à perte de vue, Lemieux allait les percevoir comme aucun autre peintre ne les avait perçues jusque-là. On a pu remarquer avec raison que ces paysages, on les retrouve aussi en Flandres, en Hollande, en Allemagne, en Pologne ou en Russie, et que par conséquent ils n'ont rien de spécifiquement canadien. Un visiteur de l'Académie des Beaux-Arts de l'ex-Leningrad tranche ce débat par le commentaire suivant (la critique se faisant alors là-bas par le peuple): «Ce sont les horizons mêmes de la conscience.»

L'ailleurs peut aussi être temporel. Le passé a en effet également offert à l'artiste vieillissant un autre ailleurs séduisant: sur son propre sol, au sein de sa famille immédiate, il a déniché des souvenirs qu'il a fait ressurgir dans plusieurs de ses toiles, dont la plus célèbre est *1910*

Remembered et dans un album d'estampes intitulé *Time Remembered.* Lemieux a si bien développé son rapport au passé et au temps que ces aspects méritent un chapitre à part. Nous y reviendrons donc.

Ainsi son exil en France, malgré sa brièveté, a eu des vertus stimulantes pour ses débuts et durables. Mais, contrairement à de nombreux créateurs exilés qui tirent de leur expérience la force nourricière de leur art, chez Lemieux le déracinement était si déstabilisant qu'il en était stérilisant. Même s'il peignait davantage de mémoire ou par le biais du souvenir qu'en installant son chevalet au cœur de la nature, Lemieux avait besoin de sentir la proximité de ses paysages familiers, la solidité du sol sous ses pieds, le froid de l'hiver sur son visage et la lourdeur du ciel bas sur ses paupières.

Très significativement, il peint en 1956 *Le chemin qui ne mène nulle part,* toile qui marque un tournant dans sa vie de peintre. Après, ce sera l'époque des grandes œuvres septentrionales, dont *Le visiteur du soir* (1956) ou *La ville lointaine* (1956).

Si l'œuvre de Lemieux est ainsi bien enracinée dans la réalité canadienne, un danger guette tout artiste de l'ici: le folklorisme. Voilà bien, d'ailleurs, ce qu'il a reproché aux artistes canadiens-français qui l'avaient précédé: dans un article du 16 juillet 1938 paru dans *Le Jour,* il évoque Suzor-Côté et Clarence Gagnon pour les juger sévèrement. Ces peintres sont, selon lui, esclaves du sujet traité (le paysage du terroir) et ils n'osent interpréter le monde ni proposer une recherche plus profonde. Il va réclamer plus d'audace, plus de fraîcheur, une sensibilité teintée d'inquiétude, bref une vision neuve. Lemieux a pourtant lui-même frôlé de près l'écueil du folklorisme en se concentrant sur des paysages québécois, mais la cohérence profonde de son œuvre, ainsi que ses vues ouvertes et généreuses sur l'art ont réussi à le lui faire contourner. La réalité de son pays telle qu'il l'exprime dans sa peinture ne se ramène pas à un régionalisme étriqué: le peintre montre plutôt à travers elle une façon originale d'être au monde, il en dégage une vision intérieure qui a valeur universelle. «Ce que j'ai peint aurait pu se trouver tout aussi bien dans l'Ouest, en Norvège ou en Russie», dit-il en 1975. Bien que ses toiles soient souvent localisées, identifiées qu'elles sont par la ville de Québec et le fleuve Saint-Laurent, l'artiste a su, plus profondément, dépasser les horizons limités d'un territoire. Selon lui, le peintre doit déborder les murs de son petit monde familier, de son atelier ou d'une salle de cours, pour s'inscrire dans un espace de communication plus large. «L'art n'a pas de frontières; le véritable artiste peint pour la joie de peindre et la terre entière est son pays.» (*Le Temps*, 8 novembre 1940)

Ainsi une partie de l'originalité de Lemieux tient à cette vision ouverte qu'il avait. En se teintant d'une forte dominante nordique, son œuvre lui confère une place à part dans le musée imaginaire mondial: celui de peintre par excellence du septentrion. Mais il transcende ces étiquettes: à travers des sujets canadiens et des figures de son monde intérieur, il a développé une approche personnelle du particulier, qui ouvre son art sur l'universel.

2
L'horizontalité

Le minimalisme horizontal

«Je déteste les hautes montagnes, les grands glaciers, tout ce qui cache les horizons. J'aime les horizons», confia Lemieux à Marcel Dubé en 1988, deux ans avant sa mort. À son retour de France, on l'a vu, il découvrit l'horizontalité de l'espace nord-américain et son immense potentiel expressif et pictural.

À partir de ce cogito horizontal né de la physionomie particulière de son sol natal, Lemieux se passionne pour les horizons et accentue leur rôle dans ses tableaux. En même temps, ce qui est le fruit d'influences diverses et d'une maturation de plusieurs années, il élimine de ses paysages les détails pittoresques, les objets anecdotiques, les éléments décoratifs[1]. Il divise, tout en les rapprochant, le ciel et la terre par une ligne horizontale tantôt emphatique, tantôt réconciliatrice. Il réduit sa structure narra-

---

1. Pour développement, voir CARANI, 110-116.

tive à un extrême dépouillement. Il étale dans l'espace un réseau de lignes dynamiques et géométrise davantage son propos. Voici son univers désormais habité et organisé par un principe central d'horizontalité, qui s'équilibre d'un principe ponctuel homologue de verticalité. Lemieux abandonne les dimensions traditionnelles pour de très longs ou de très hauts tableaux d'assez grande surface. Les formats rectangulaires hyper-allongés à l'horizontale s'inspirent du cinérama et rappellent les rouleaux horizontaux japonais (*makimono*), tandis que les compositions verticales se rapprochent de certaines œuvres chinoises. Il retourne ainsi aux axes historiques de la peinture linéaire dont il exploite les tensions et qu'il pousse aux limites d'une figuration semi-abstraite. Ce tournant majeur conduit Lemieux vers ses grandes œuvres qui représentent d'immenses étendues horizontales sous des cieux monochromes ou au contraire, plus tard, de hautes constructions verticales dénudées. Ce faisant, il produit, entre 1956 et 1970, une peinture minimaliste qui le place au cœur des préoccupations de l'art de son époque.

Les horizons

Tout un pan de l'esthétique de Lemieux se cristallise ainsi vers l'âge de cinquante ans, autour de l'horizon et des valeurs nouvelles qu'il lui attribue. Il faudrait d'ailleurs dire *les* horizons, car pour lui l'horizontalité est plurielle et variée dans son apparente monotonie.

1. Dédoublements — Il y a d'abord les horizons dédoublés ou démultipliés. Dans ses premières œuvres, avant sa prise de conscience de 1955-1956, on voit cette démultiplication de l'horizon. Dans *Plage de Saint-Siméon* (1951) par exemple, un premier horizon de plage ouvre sur un lac, puis sur le second horizon, très appuyé, d'une rive lointaine, fermant ainsi l'espace où s'ébrouent quelques personnages. Dans *Paysage de Charlevoix* (1935), l'étagement est triple: un premier rivage suivi de l'autre rive d'un lac, puis de la ligne du sommet des montagnes: la démultiplication de l'horizon s'associe à un discours de la maîtrise par lequel un lieu est enclos et approprié par le regard. Une démultiplication analogue, qui suggère une réduction de l'espace et une mainmise rassurante sur lui, s'observe encore plus tard, dans *Janvier à Québec* (1965): la rive sud du Saint-Laurent à l'avant-plan, la rive nord au deuxième plan, et enfin au loin la silhouette dressée de la ville de Québec avec son caractéristique Château Frontenac. Mais en général, après son cogito horizontal, Lemieux délaisse ces horizons dédoublés pour privilégier plutôt un horizon unique, lié celui-là à un discours plus risqué de la non-maîtrise de l'espace, horizon autour duquel il organise toute sa pathétique scénographie picturale.

Lemieux choisit alors de structurer ses œuvres en superposant en surface, l'un au-dessus de l'autre, deux rectangles horizontaux. Il joue avec le cadre horizontal de la toile et la ligne de l'horizon pour diviser le tableau en deux rectangles de dimensions variables et instaurer une dynamique contrastante. Le rectangle inférieur contient l'univers de la représentation: c'est le royaume variable des figures (personnages, maisons, trains, objets naturels, éléments de paysages qui signalent les saisons), d'où certaines se dressent pour entrer en contact avec le rectangle supérieur, où loge le monde invariable des cieux gris et monotones.

2. *Degrés* — L'horizon de Lemieux a aussi des *degrés*: il n'est en effet pas toujours fixe et droit. «Quand vous marchez, dit-il, l'horizon n'est pas stable, il monte et descend à mesure que vous avancez[2].» L'horizon offre donc également des déclivités, et dans sa peinture, il sera presque toujours oblique: horizons qui montent sur la droite ou au contraire sur la gauche. La pente est parfois presque indiscernable, comme dans *La ville illuminée*, mais à d'autres moments, on peut mesurer jusqu'à quinze centimètres de différence d'un côté à l'autre de la déclivité.

Est-ce que Lemieux favorise l'horizon qui se dresse vers la gauche ou celui qui glisse vers la droite? Apparemment point de privilège ni de sens particulier accordés à une pente plutôt qu'à une autre (voir tableau I). Si une scène du passé comme *1910 Remembered* se dispose le long d'une ligne qui descend vers la droite, un paysage urbain comme *Les Plaines d'Abraham* ou une activité rurale comme *La semence* s'associent au même type d'horizon. L'horizon monte-t-il au contraire vers la droite, il se relie tantôt à l'effort, tel celui du *Cavalier dans la neige* qui grimpe une colline, tantôt au contraire à l'oisiveté, comme dans *L'été*. Lemieux attribue à la pente droite ou gauche de son horizon une valeur uniquement dynamique et esthétique, sans significations exclusives. Dans un entretien (McDougall), il avoue d'ailleurs, à propos de *Ville lointaine*, avoir incliné l'horizon tout simplement «pour créer du nouveau». Il ajoute dans une autre interview en anglais avec Nagel: «Mes horizons ne sont pas

2. «Timeless Painter from Quebec», entretien avec Peter Nagel en anglais, *Weekend Magazine* 10 (1963): 20. Nous traduisons.

TABLEAU I
Échantillon d'analyse

L'horizon monte à gauche (31 titres)	*L'horizon monte à droite (30 titres)*
Pleine lune (1966)	*À chacun sa nuit (1963)*
Autoroute (1963)	*Le bois de Saint-Antoine (1958)*
Le rapide (1968)	*La ferme (1957)*
Les Plaines d'Abraham (1963)	*Les champs blancs (1956)*
Le ciel gris	*Hiver (1985)*
1910 Remembered (1962)	*En automobile (v. 1987)*
La semence (1966)	*Voyage vers la nuit (1963)*
Été 1914 (1965)	*Paysage avec deux personnages (1965)*
Le grand nu (1966)	*Le Far-West (1955)*
Solstice d'hiver	*La ville lointaine (1956)*
Les grands prés (1964)	*Chemin en hiver (1966)*
Nuit d'été (1962)	*Le long voyage*
Midi (s. d.)	*La visite du jour de l'An (1971)*
Tombée du jour (1964)	*L'été (1959)*
Les mi-carêmes (1962)	*Crépuscule (1962)*
Le visiteur du soir (1956)	*Cavalier dans la neige (1967)*
Tourné vers le cosmos (v. 1980-1985)	*Bruine (1957)*
Le chemin qui ne mène nulle part (1956)	*Le petit Arlequin (1959)*
Le soleil de la guerre (v. 1982)	*Nu (1966)*
La ville (1958)	*Le bel hiver (1966)*
La Nativité (1966)	*Novembre (1962)*
Sans titre (La ville, la nuit) (v. 1987)	*Le temps d'hiver (1968)*
Le cortège (v. 1976)	*La moisson (1966)*
Vent de mer (1963)	*Paysage avec personnage (1963)*
Mon oncle Victorin (1965)	*Mademoiselle (1960)*
Métropole (1960)	*Ville enneigée (1963)*
La ville inondée (1962)	*Les deux cavaliers (1972)*
Petite ville (1963)	*Le champ défriché (1975)*
Marie-Gemma (1958)	*Le champ de trèfles (s. d.)*
L'adieu (1968)	*La famille de Luzina (1971)*
La traversée de la rivière Péribonka (1981)	

une marque de fabrique. Ce n'est pas une formule figée. Quand je peins un horizon incliné, c'est parce qu'il m'apparaît ainsi. J'aime sentir ce mouvement.» (Nous traduisons.) L'inclinaison des lignes d'horizon n'intervient ainsi que pour varier les proportions des rectangles et rythmer les plans.

3. Échelle spatiale — L'horizon de Lemieux a également son *échelle* qui définit sa position en hauteur par rapport au reste de l'espace du tableau. Il y a les horizons bas situés dans la moitié inférieure de la toile et alors le ciel occupe tout l'espace; il y a les horizons hauts qui s'agrippent à la périphérie supérieure du tableau et où la terre empiète sur les cieux. À l'intérieur de ces deux grandes catégories, toutes les échelles sont permises, mais des fréquences favorites apparaissent, tel le premier tiers inférieur du tableau, le dernier quart supérieur ou l'équilibre central comme dans *Orion.* Lemieux aime particulièrement les horizons bas, dont il tire des effets surprenants en les soumettant à quelque traitement incongru et extrême: il va, par exemple, jusqu'à ramener sa ligne d'horizon au premier vingtième de la toile dans *Solitude de l'homme*, voire au premier centième (!), comme dans *La baigneuse* ou *Miss Knight*; ou même sa présence se réduit à une minuscule et négligeable tache dissimulée dans une fraction infime de l'espace, dans *L'énigme* — ce qui donne au ciel une valeur cosmique grandiose.

Il est intéressant de noter que le peintre maintient toujours l'horizon maritime bien au bas de ses toiles, alors que la terre, elle, peut aisément envahir l'espace tout entier et déplacer l'horizon jusque vers la limite supérieure du tableau. Dans ses toiles de la période primitive, ses horizons de montagnes sont très élevés et laissent peu de place au ciel: voir *Le pique-nique* (1944), *Sainte-Adèle en hiver* (1933), *Soleil d'après-midi* (1933). La ville, bien terrienne sur son cap, dans sa *Fête-Dieu à Québec* occupe la majeure partie du tableau et ne laisse qu'un mince fragment au ciel dans la portion supérieure. La mer ne soutient ni ne contient presque jamais les personnages comme le fait parfois la terre. L'eau ne sert guère de toile de fond, alors qu'au contraire, souvent sur un arrière-plan de colline, se découpent des silhouettes (voir dans le tableau II quelques exemples d'horizons terriens, presque telluriques, qui passent par-dessus la tête des figures). Ce traitement magnifiant de l'horizon terrien, en relation avec celui, plus réducteur, de l'horizon marin, laisse entrevoir des penchants élémentaires de l'imaginaire de Lemieux: une certaine méfiance de l'eau et une nette prévalence terrienne, dont la valeur enveloppante est déjà notable. Nous reviendrons sur cet aspect. Fait significatif, le seul horizon aquatique qu'il favorise sera celui de l'eau gelée: l'horizon de neige, dont la critique a bien parlé (voir Carani, 123).

4. Échelle corporelle — L'horizon de Lemieux se définit également par rapport au corps des personnages et à leur positionnement dans l'espace (voir le tableau II). Il y a les horizons qui atteignent les figures humaines aux chevilles, il y a ceux qui les touchent à mi-jambes, ceux qui arrivent à la taille, ceux qui les traversent au buste, ceux qui s'appuient sur leurs épaules, ceux qui s'accrochent à leur cou ou grimpent jusqu'à leur tête, et même, on vient de le voir, qui passent au-dessus d'eux.

TABLEAU II
Positionnement de l'horizon par rapport au corps des figures

TÊTE

L'orpheline
Les Plaines d'Abraham
Soleil de midi, Menton
Paysage (bruine) (1966)
La paroisse (1972-74)
Le temps d'hiver
Été 1914
La Nouvelle-France
Album de famille

COU

Le bel hiver
La mort par un clair matin
Jeune fille en jaune

ÉPAULES

Portrait d'Anne
L'été (1959)
L'adieu (1968)
1910 Remembered (enfant)
Hommage à Nelligan
Julie
Terminus
1910 Remembered (adultes)
Été 1914 (adultes)
Couple
Départ de Mademoiselle (1971)

BUSTE

Portrait (1961)
Petit Pierre (1964)
Le grand nu (1966)
À chacun sa nuit (adultes)

TAILLE

Mademoiselle (1959)
Ti-Gus
La visite (1967) (adultes)
La Floride
Jeune fille au chapeau
Nu printanier (1968)

JAMBES

Tourné vers le cosmos
Jeune fille triste
Miss Knight
Le petit Arlequin (1959)

CHEVILLES

Killer Joe
Nu (1966)

AU-DESSUS DE LA TÊTE (HORIZONS TERRIENS)

La prairie
Les noces de juin
Le cortège (1976)
Le champ défriché
Deux personnages dans la nuit (1989)
Enfants dans un paysage de montagne (1980)

AU-DESSOUS DES PIEDS

Notre Dame protégeant Québec (La Vierge mère dans le ciel et les parachutistes)

Que nous apprend le précédent tableau? D'abord constatons que les horizons de tête, de cou et d'épaules sont ensemble plus fréquents que les horizons de buste et de taille, lesquels sont eux-mêmes plus fréquents que les horizons de jambes et de chevilles. Lemieux établit ainsi l'horizon de manière à ce qu'il mette en évidence la partie supérieure du corps, laquelle est toujours nettement privilégiée par l'artiste, qui est bien conscient de vivre dans une civilisation du visage. L'horizon devient un langage secret au service de la figure humaine. Voilà pourquoi on serait tenté, et justifié, d'interroger de plus près le sens du dialogue silencieux que ces signes entretiennent à l'insu de l'artiste. Lançons donc ici quelques questions qui viennent à l'esprit.

Est-ce que l'horizon de tête métaphorise une raison qui domine sur le reste du corps, signale les cérébraux, pointe un être séparé du groupe, signifie l'abandon (la tête coupée, c'est le père mort), comme dans *L'orpheline* ou comme dans *Été 1914*?

Est-ce que l'horizon de cou, qui est plus rare et qui doit s'associer de toute évidence à la tête au plan topographique et sémantique, renvoie à quelque étouffement particulier comme dans *La mort par un clair matin* où la ligne de l'infini frappe directement à la gorge nouée de la mère?

Est-ce que l'horizon d'épaules évalue le poids d'une fonction ou d'un devoir, comme dans *Le visiteur du soir* ou *Mademoiselle* (estampe de l'institutrice de *La petite poule d'eau*)? Ou suggère une vague aliénation comme dans *Nelligan* ou *Julie*? Ou indique la fin d'un cycle, telle la fin de l'enfance dans *1910 Remembered*, le terme d'un voyage dans *Terminus*, l'abandon de l'innocence dans *L'été* ou dans *Portrait d'Anne*, la dernière boucle d'une relation comme dans *L'adieu*?

Est-ce que l'horizon de buste signifie l'autorité rigide ou une psychologie coincée, ainsi que ce semble le cas dans *Chacun sa nuit* et *Portrait de profil*, ou bien la transgression comme dans *Le grand nu*?

L'horizon de taille pourrait assurément renvoyer à la sexualité, qu'elle soit refoulée (*La Floride*, *Couple* ou *La visite*), ou au contraire en plein épanouissement (*Plage américaine*) ou en nette progression vers sa plénitude (voir les délicieuses nymphettes de *Nu printanier* et de *Jeune fille au chapeau*)?

Est-ce que l'horizon de jambes représente la fantaisie (*Arlequin*), l'élégance (*Miss Knight*), l'abîme de la vie intérieure (*Tourné vers le cosmos*, *Jeune fille triste*), ou encore le surnaturel comme avec la figure de l'ange?

L'horizon de chevilles réfère-t-il quant à lui à l'enfance, à l'innocence (*Nu*, *L'enfant à l'oiseau*) ou, en une sorte de modernisation iconographique d'Hermès, dieu des brigands, la marginalité sociale (*Killer Joe*)?

Tout cela serait peut-être à considérer de plus près par qui croit à une sorte d'inconscient pictural. Observons seulement que l'horizon a une fonction de liaison entre les personnages quand il les associe par une partie du corps qui leur est commune. Il relie deux êtres dans un même désir: un homme et une femme de *Deux personnages dans la nuit* se rattachent par le cou au même horizon de ville. Un garçon et un groupe de jeunes filles dans *Vent de mer* communient, également par le cou, avec le même horizon maritime, quelque grande que soit la distance qui les sépare. Tout en reliant, l'horizon départage aussi: l'homme et la femme qui se fixent intensément dans *Plage américaine* sont branchés tous les deux par la taille sur la même longueur d'onde de l'horizon, ce qui décuple les courants chauds de communication entre eux. Cet horizon cependant passe au-dessus d'un troisième personnage, une jeune femme assise sur le sable entre eux et qui nous regarde: cette dernière se voit ainsi exclue du jeu du désir des deux autres. Dans de grandes œuvres comme *Été 1914* et *1910 Remembered*, les figures d'adultes touchent par la taille à la ligne de l'infini, tandis qu'un enfant est séparé d'elles par ce même langage visuel, l'horizon l'atteignant, lui, soit à la tête, soit aux épaules.

Quoi qu'il en soit, Lemieux a lui-même expliqué le sens de sa fascination pour l'horizontalité: «La mélancolie peut être représentée par des horizontales.» (1940) Cette fascination l'a conduit, après 1956, dans le prolongement de son cogito spatial, à un parti pris formel dont *La ville lointaine* (1956) et *Le visiteur du soir* (1956) représentent les premiers pas et dont *Gaspésie* (1962) illustre sans doute un pôle extrême: voici, dans ce dernier cas, une surface sept fois plus large que haute (23 × 165 cm) où Lemieux a choisi de peindre uniquement un horizon plat: une petite bande grise qui délimite le gris pâle de la neige du gris plus foncé du ciel. C'est tout. Cette manière rapproche Lemieux des productions abstraites. En outre le format rectangulaire très allongé du support, format si typique des œuvres étirées de Lemieux, est en rapport avec la surface travaillée: il épouse le thème horizontal, renforce le sentiment d'oppression de l'infini sur l'humain et en rend compte d'une manière emphatique. Ainsi mis en forme, cet espace n'est plus maîtrisable: il dit la déprise et la détresse de la conscience.

Verticalité

Si l'horizontalité paraît riche d'apports multiples pour Lemieux, qu'en est-il de la verticalité?

Autant que l'horizontalité, la verticalité constitue une de ses signatures fortes, surtout celle des tableaux de la maturité. Dans l'ensemble de son œuvre, l'artiste ménage ainsi souvent une rectitude ascendante et équilibrante qui consolide le paysage. Ses personnages isolés et dressés debout dans un lieu désert incarnent déjà un surgissement vertical dans un espace horizontal. Ils représentent la stabilité au sein d'un monde glissant et indéfini, l'humain étant toujours une valeur sûre aux yeux du peintre.

Lemieux exploitera la verticale encore par l'entremise d'objets naturels et d'éléments fonctionnels, décoratifs ou architecturaux qui poussent solidement sur ses horizons fluctuants. Ce sont, par exemple, des arbres (*Couventines en hiver*), ou des poteaux dans *Butte aux Éboulements*, dans *Les baigneurs sur le quai* ou dans *Sans titre (La ville, la nuit)*. Ailleurs ce peut être une bitte d'amarrage (*Soleil d'après-midi*), les mâts de barques (*Quai de l'Isle-aux-Coudres*), la cage d'un funiculaire et une cheminée d'usine dans son projet de fresque sur *Québec*, la fumée montante d'un train, un drapeau qui flotte au cœur d'une fête (*La Fête-Dieu à Québec*; *La fête au couvent*), un escalier dans un intérieur (*Les servantes*), ou les poussées verticales de bâtiments monumentaux dans la série *Canada-Canada*: les tours d'habitation de Vancouver, les gratte-ciel de Toronto, le beffroi de la Nouvelle-Écosse, la chapelle des Territoires du Nord-Ouest, notamment.

Le plus haut point vertical de l'univers de Lemieux, c'est souvent un clocher, tel celui, axe central, de *Pique-*

nique (1944) ou tel celui de *Lazare* (1941): la référence religieuse renvoie tout naturellement à l'idéologie dominante d'une époque, qui malgré ses défauts a pu avoir des vertus fédératives pour la société québécoise.

1. L'urbanisme vertical — La ville de Lemieux est également un entassement d'immeubles verticaux: c'est du moins ainsi qu'il la voit dans sa murale *La médecine à Québec.* La capitale provinciale apparaît d'ailleurs, aux yeux du peintre, comme une cité verticale avec, sur ses hauteurs, la figure éternelle du Château Frontenac. Montréal, autre centre urbain favori, offre ses incontournables gratte-ciel, surtout Place Ville-Marie, qui était, au temps des grandes œuvres, l'immeuble le plus haut de la métropole québécoise.

Mis à part ces deux derniers chefs-d'œuvre de l'architecture, le seul immeuble vraiment imposant de la peinture de Lemieux, dans son étrange verticalité, c'est une construction religieuse: le Baptistère de *Pise* (1965). L'artiste s'intéresse non pas à la célèbre tour penchée, mais au cylindre massif du baptistère Le Duomo avec sa ronde coupole, présenté sous une lumière vive. Ce bâtiment est perçu à travers l'encadrement vertical d'un portique où paraissent au premier plan, à mi-corps et de dos, deux personnages religieux qui conversent. La verticalité du portique accentue la simplicité des formes de l'ensemble. Comme l'horizontalité, la verticalité s'associe donc au dépouillement de l'espace. De leur sobre combinaison naît une vision empreinte de solitude et d'austérité, vision si typique de Lemieux.

La verticalité exprime aussi parfois des vues négatives: ainsi la cheminée d'usine dans *Ville* recèle une critique implicite de l'industrialisation sauvage; les tours et les aiguilles du monde urbain servent de toile de fond à la délinquance (voir par exemple *Les indésirables* qui se profilent devant la Place Ville-Marie) ou montrent l'éloignement de l'être humain par rapport à la nature (voir par exemple son estampe *Ontario*). La verticalité prend une valeur dure et surmoïque dans *Charlottetown Revisited*, de même que dans l'estampe *Île-du-Prince-Édouard*, où les pères de la Confédération canadienne sont de sévères figures très effilées et qui, drapées de noir, portent des hauts-de-forme. La Loi se travestit donc, dans l'univers du peintre, en images résolument verticales.

2. Chutes — Il faudrait voir encore comment dans *Les chutes Montmorency*, sa première huile, Lemieux représente une verticalité qui descend: et il a dit dans une interview combien il détestait ces chutes. Le motif de la chute a souvent un caractère très événementiel chez lui, à commencer par l'avènement à la peinture elle-même, voire plus primitivement encore, au dessin, puisque ses toutes premières esquisses étaient liées au naufrage du *Titanic*[3]. Voyez aussi les terrifiants parachutistes de *Lazare* et de *Notre-Dame protégeant Québec* qui sèment la panique et la mort dans leur lente descente. Nul doute ici que la chute verticale contient un lourd poids d'angoisse. À la lumière de cette pente négative de la rêverie, on pourrait relire certaines représentations de ses espaces favoris: Québec par exemple, ville choyée par lui s'il en est, si souvent peinte avec ses immeubles et son étagement de plans jusqu'aux pignons élevés du Château Frontenac, est

3. *Cf.* Robert, 18; voir aussi *infra*, le chapitre sur les éléments, p. 93s.

également, tout en étant une ville verticale, une ville que les personnages descendent plutôt que ne montent, une ville qui, malgré l'attachement du peintre pour elle, n'arrive pas à échapper au sombre verdict qui condamne à la perdition toutes les villes de Lemieux.

Une verticalité descendante est beaucoup plus oppressante qu'une simple horizontalité: nous en donne une preuve sa toile au format résolument vertical *Enfants dans un paysage de montagne* où les gamins sont comprimés au premier plan, au pied d'une haute pente abrupte, une piste lointaine conduisant au sommet, et le ciel étant réduit à la mince périphérie supérieure du tableau. Il se dégage de cette représentation une impression de malaise et d'étouffement.

3. Format — En plus de constituer un élément du tableau, la verticalité s'extériorise souvent dans le format du canevas. Comme pour l'horizontalité, l'artiste emphatise parfois son propos par l'exploitation d'un *cadre* exagérément vertical. Cette verticalité accentuée a-t-elle une signification particulière?

En général, elle isole davantage une figure solitaire. Elle marque sa marginalité sociale, par exemple. *Killer Joe,* quatre fois plus haut que large, montre un hippie pieds nus portant jeans, lunettes de soleil et chapeau mou. Voudrait-on d'autres exemples? Allons du côté des tableaux significativement verticaux que sont *Les indésirables* (sous la forme de détectives, la Loi accompagne deux adolescents devant la tour de la Place Ville-Marie qui occupe tout l'arrière-plan) et *L'homme prisonnier* (135 × 79) soumis à l'emprise de la loi et incarcéré. Cette marginalité associée au format vertical peut être plus douce: c'est le cas, par exemple, du *Petit Arlequin* (120 × 60) ou encore des particularismes vestimentaires, d'ailleurs soulignés dans le titre de toiles verticales, comme *Le chandail rouge* (119 × 52), *La cravate rouge* (33 × 18), *La dame en rouge* (7 fois sa largeur), *La jupe rose* (100 × 32); c'est le cas aussi de l'élégance féminine qui idéalise, presque amoureusement, les personnages: de nombreuses femmes au collier de perles sont ainsi portraiturées dans un format vertical (qui serait alors bien le format érectile du désir), telle une jolie femme aimée *1914-1964* (111 × 61), un *Portrait* de profil (51 × 31), ou l'attachante *Miss Knight* (135 × 71) ou encore l'énigmatique et sensuelle *Dame de cœur* (112,2 × 43,5). Parfois au contraire, le cadre étroit semble protéger une intimité, accentuer une pudeur, dire une fragilité qu'il chérit et encoconne, celle de la nudité par exemple, comme dans *Nu sur fond bleu* (110 × 61) ou dans *Nu* (107 × 58).

La verticalité accompagne également les nombreuses figures religieuses du monde de Lemieux, telles celles qu'il a littéralement coincées dans un cadre comme dans un cercueil, cadre fréquemment trop étroit pour elles. Voyez *L'enfant de chœur* (101,6 × 25,4), par exemple, *Les enfants de chœur* (109 × 58), *Sœur Blanche* (133 × 76), et surtout *Le petit frère convers* (41 × 10), lequel est vu de pied en cap, maigre, tout recroquevillé sur lui-même et touchant le cadre du coude. La verticalité s'associe alors, de toute évidence, à l'abnégation du stylite, à l'héroïsme ascétique et mystique. Elle correspond aux valeurs morales de la peinture (*cf.* Ferrier, 213). Le peintre insère dans ce format des scènes bibliques, comme *La crucifixion* (135 × 61), de même que des motifs surnaturels, tels *L'ange blanc* (128 × 58) ou *Mon ange* (107 × 43), raide dans sa pose et dans son espace restreint. Conformément à un schème reconnu dans l'anthropologie de l'imaginaire, la verticalité semble donner essor à quelque vertu ascensionnelle et à la communication avec l'au-delà. Ce n'est certainement pas un hasard si une de ses toiles tardives, *Tourné vers le cosmos* (135 × 70,5), qui représente un homme solitaire dont le regard est rivé au ciel et qui est en pleine crise de conscience cosmique, a un format vertical.

La verticalité accentue bien sûr la solitude des personnages. Cette solitude n'est pas toujours mystique: *Le déjeuner* (79 × 38) nous présente une femme mangeant seule à une table de restaurant; *Jeune fille en jaune* (109 × 61) et *Jeune fille au bord de la mer* (77 × 31) nous révèlent un même esseulement, celui d'une simple figure solitaire sur fond désert, la mer évoquée dans le second titre étant contenue dans son ampleur et coupée par le cadre.

Souvent le temps a fini par construire cette solitude et le temps chez Lemieux s'exprime aussi par la verticale. Beaucoup de ses personnages âgés, par exemple, sont encadrés par ce format, comme *La vieille dame souriante* (109 × 71), ou celle, déprimée, de *Supermarché* (84 × 51). Cette dimension temporelle inscrite dans la verticalité est particulièrement visible dans *Portrait de l'artiste,* deux fois plus haut que large, et où le peintre évoque, au-dessus de sa propre image à soixante-dix ans, des étapes passées de son histoire personnelle et de sa peinture.

Aussi présente et variée que l'horizontalité, la verticalité, on le voit, donne donc également forme aux valeurs profondes de l'artiste.

3

La ville

Québec et Montréal

L'espace urbain de Lemieux se divise essentiellement en deux villes, la Vieille Capitale, Québec, et la métropole, Montréal, qui représentent les deux polarités majeures de la culture québécoise. Depuis toujours, une vieille rivalité existe, comme on sait, entre ces deux centres. Dans les années 1950, cette opposition s'est aussi ancrée dans l'histoire de l'art, Québec étant considérée comme le refuge des traditionalistes et des figuratifs; Montréal, comme la plate-forme de l'avant-garde artistique et de l'abstraction. On a même parlé d'une «École de Québec», école figurative, par opposition à l'«École de Montréal», non-figurative et abstraite.

Né et mort à Québec, Lemieux a été associé de près à cette querelle de peintres et de répartition géographique. Avec un ami, Claude Picher, il a même fondé, dans sa ville de prédilection, la Société des Arts plastiques, dont la vie fut courte, mais qui traduisait les préoccupations esthétiques des artistes de la capitale, distinctes de celles des Montréalais, orientées vers les expériences abstraites. Lemieux se méfiait des excès déshumanisants et bêtement décoratifs de l'abstraction et du géométrisme. Il craignait que la peinture finisse par se désincarner totalement. Il cherchait à dépasser la dichotomie «extrême figuration» et «extrême abstraction» par une vision plus synthétique.

Si l'esthétique de Lemieux incarne ce qui semble être un heureux dépassement d'une rivalité artistique entre deux centres géographiques, il n'en est pas moins resté profondément attaché, dans sa peinture, à son lieu de résidence. Car la ville pour Lemieux, c'est d'abord et avant tout Québec. Cette capitale l'a très souvent sollicité dans ses toiles, avec l'imposant Château Frontenac et sa citadelle agrippée sur les hauteurs du Cap Diamant ainsi que ses maisons alignées sagement au bas de la falaise sur la rive nord du Saint-Laurent.

Ce que la critique officielle néglige, c'est souvent ce qui frappe l'amateur: le point de vue privilégié du peintre sur Québec est celui, extérieur et panoramique, que l'on a depuis la rive sud, c'est-à-dire depuis Lévis ou Beauport ou encore depuis l'île d'Orléans. Son point cardinal favori, celui vers lequel son regard peignant se dirige, ce semble ainsi le nord. C'est sur ce pôle de référence que le picturateur oriente tout son travail dans l'espace pictural. Ainsi le carré du tableau épouse ici bel et bien la distribution conventionnelle des points cardinaux: le nord correspondant au bord supérieur.

Janvier à Québec (1965) ou *Le bel hiver* (1966), par exemple, campent au premier plan, sur la bande enneigée d'un quai ou d'un rivage, un personnage à mi-corps qui nous fait face et nous regarde. Derrière lui, au nord, à distance, un peu hautaine sur le cap, la silhouette de Québec. Le code d'ensemble est explicitement photographique, Lemieux aimant bien citer ce code dans l'association simple d'une personne à un site, comme dans le cliché souvenir d'un touriste amateur.

Québec, c'est non seulement la ville natale du peintre et son lieu de résidence avec son épouse presque toute sa vie, ainsi que son milieu de travail à l'École des beaux-arts; c'est non seulement le territoire d'un enracinement esthétique, mais aussi celui de la célébration artistique: *La statue* (1954), par exemple, en témoigne où, dans une vision stylisée et géométrique à la Chirico, se dit l'admiration de Lemieux pour la sculpture monumentale. La statue de la Vierge est vue à contre-jour dans une lumière qui provient du centre supérieur du tableau. Comme bien des monuments, elle est érigée dans un carrefour: une place déserte de Québec, dont on voit les signes reconnaissables: les remparts, le Cap Diamant, le Saint-Laurent, le Château Frontenac.

En plus d'être une cité d'art, Québec est encore le lieu du savoir si l'on en juge à sa murale *La médecine à Québec* (1957) qui, conçue pour l'Université Laval, représente le corps médical (chirurgiens, internes, infirmières, assistés à l'époque par des religieuses) œuvrant à ses occupations professionnelles devant le panorama de la ville chérie du peintre. Québec, c'est également le site romantique du désir et de l'amour. *Rencontre* (1968), par exemple, laisse entrevoir la silhouette hivernale de la Vieille Capitale entre deux personnages et qui se déclarent l'un à l'autre. Québec, c'est enfin un *locus amœnus* de promenade et d'heureuse badauderie avec son unique *Terrasse Dufferin* (1967) qui, à flanc de cap, offre une aire ouverte sur le Saint-Laurent et la rive opposée. Ville d'itinéraires, de carrefours, de centres, de monuments, de vieilles pierres, elle est une sorte de synthèse positive du lieu urbain.

Au début de sa carrière, Lemieux semblait vouloir donner de la capitale québécoise une vision à la fois d'ensemble et de détails, comme s'il désirait tout montrer en même temps: voyez, par exemple, son projet de fresque *Québec* (1949), *La Fête-Dieu à Québec* (1944), *Notre-Dame protégeant Québec* (1941). D'où les effets naïfs qu'il produisait: vision en grand angle qui entraîne des bris de perspective et des distorsions, aplatissement des plans, disproportion de rapports (personnages trop grands pour les maisons — et donc subjectivement plus importants que l'immobilier). On eût dit qu'il souhaitait rassembler plusieurs points de vue de la ville en un seul, dire la vie plurielle et simultanée de différents quartiers autant que proposer une vue panoramique, en plus d'introduire, dans ce théâtre de la mémoire, un soupçon d'ironie et de critique sociale. C'est ainsi que dans sa fresque *Québec*, il ménage au sein de sa représentation, un peu à la périphérie du centre, un micro-espace plus habitable en retrait des frénésies urbaines: une sorte de petit village calme enclavé dans la grande agglomération, avec quatre maisons et une église.

Or, à un certain stade de son évolution, Lemieux a abandonné cet unanimisme et séparé les deux visions: d'ensemble et de détails, de telle sorte qu'il a peint, d'un côté, des villes vues de l'extérieur à distance et, de l'autre, des villes vues de l'intérieur.

La ville lointaine: focalisation externe

La critique d'art a signalé l'aversion de Jean Paul Lemieux pour les villes. Si l'on en juge d'après ses multiples déclarations, le phénomène urbain est selon lui une malheureuse conséquence de l'industrialisation qui a entraîné la pollution, l'invasion des machines, la détérioration de l'esprit créateur et de l'intégrité existentielle de l'être humain. Comme le croyait Bachelard, la ville réelle est, pour une bonne part, la ville imaginée. Et il semble que, pour Lemieux, le monde moderne ait créé une spatialité qui n'est plus vraiment habitable, c'est-à-dire où l'imagination, le désir et le rêve de l'espace ne peuvent se déployer. Le lieu produit par la société ne correspond plus au lieu de l'imaginaire.

Lemieux a pourtant représenté la société citadine d'une manière personnelle et constante. Il l'a réinventée à sa façon. C'est pourquoi il a pu dire, en contradiction apparente avec d'autres propos, que les villes le fascinaient en fait.

Pour qu'elle puisse conserver sa prégnance imaginaire, la ville doit forcément, pour lui, être lointaine: on l'embrasse alors dans sa totalité et elle garde son aura mystérieuse et floue, de même que ses vertus convectrices de rêve.

Ainsi appréhendée dans la distance, elle est, le plus souvent, embrouillée dans un *sfumato* imprécis, et se réduit à une vague masse impressionniste, presque abstraite, de bâtiments. Elle se confond fréquemment avec un ensemble bâti à peine existant, entre un ciel et une terre qui se ressemblent. Silhouette d'un gris monochrome fondue au ciel grisâtre, dans *Autoroute* (1963), la concentration urbaine apparaît, ténue dans le lointain, sur l'horizon à droite, au bout d'un grand espace de neige traversé en diagonale par les deux larges bandes bleues de l'autoroute qui convergent vers l'horizon à gauche de la toile. C'est la ville, le jour.

La voici encore tronquée au bord du tableau, sur un coin d'horizon, dans *La ville lointaine* (1956) dont le titre est en soi révélateur. Une plaine herbacée verdâtre occupe tout le premier plan et s'impose vers le haut et à la droite de l'image, au détriment du ciel. La petite masse urbaine, elle, semble, malgré son caractère éthéré, peser sur la moitié inférieure gauche du tableau et faire basculer l'horizon de son côté. Effet comparable dans *Les hauteurs d'Abraham* (1963), où la capitale provinciale fait pencher l'horizon, cette fois à droite, devant un personnage de profil en amorce (comme on dit au cinéma) à l'extrême gauche. Dans *Solstice d'hiver* (s. d.), une jeune femme à bonnet rouge et bien enveloppée dans son manteau témoigne de sa solitude, à l'avant-scène sur la gauche, en tournant le dos à une branche diagonale d'autoroute qui conduit à de vaporeuses constructions citadines, lesquelles sont crayonnées très loin au centre de l'horizon dans la grisaille générale.

La ville lointaine est un des thèmes favoris de Lemieux, en particulier la nuit. La ville, confie Lemieux peu de temps avant sa mort, «c'est intéressant la nuit et pas autrement» (*Le Soleil*, 2 avril 1990). La nuit, en effet, la rend encore plus riche en rêveries potentielles. La ville, la nuit, l'hiver: voilà en fait la combinaison parfaite qui rend tout centre urbain plus abstrait. Il se ramène alors à une série de minuscules points lumineux sur un horizon blanc et sous un ciel noir, comme dans *Terminus* (1962): un soir de grand froid, une jeune fille en bonnet, apparemment la même que dans *Solstice d'hiver*, emmitouflée jusqu'au cou, occupe presque la moitié droite de la toile à l'avant-plan; un lampadaire l'éclaire par la droite; derrière elle, à gauche, éclatante dans les ténèbres jusqu'à l'infini, une vaste étendue de neige; quelques lampadaires signalent une route invisible qui mène au loin à de petits buissons givrés d'étoiles: la ville, foyer d'être dans la nuit, palpitant de ses feux minuscules et pâles.

Disposition analogue pour les villes nocturnes en été: dans *Le champ illuminé* (1965), le centre urbain se résume, au bout d'un espace clairsemé d'arbres, à une colline de taches scintillantes; dans *La ville illuminée* (1961), le crépuscule suscite une enfilade de sources lumineuses, bien au loin, sur la ligne de l'horizon, entre un champ sombre et un ciel grisâtre. Voilà comment peut se rêver l'agglomération moderne chez Lemieux: dans la miniaturisation et le recul, dans sa réduction ultime à une touffe de scintillements. «Les lumières électriques de la nuit me fascinent», a-t-il dit à Normand Biron (310).

Et toujours ici, entre le picturateur et la ville lointaine miniaturisée, un espace naturel sécurisant qui permet à quelque souveraineté solitaire de s'établir dans la distance, rappelant en cela peut-être la sagesse qui se veut exemplaire du *suave mari magno* de Lucrèce (de celui qui contemple de loin la vaine agitation des autres), mais aussi la solidarité fondamentale de l'humain avec la nature par opposition au malaise éprouvé dans l'espace artificiel des cités.

On peut s'interroger davantage sur le sens de ces imperturbables figures solitaires que Lemieux pose en regard de la ville. Est-ce que ces anti-héros échappent aux grands ensembles parce qu'ils le choisissent ou est-ce qu'ils en sont rejetés, abandonnés à leur solitude et à leur détresse? Il est difficile de trancher le sens ici et sans doute la réponse est-elle: tantôt l'un, tantôt l'autre; et probablement varie-t-elle selon les spectateurs. Dans *Petite ville* (1963), derrière une tête de garçon et au-dessus de sa tuque à pompon, quelques maisons incertaines se distribuent sur l'horizon d'un champ de neige et tendent à disparaître dans le flou du ciel gris. Ce garçon solitaire en gros plan rappelle tant d'autres cas, où il y a une opposition entre la figure de l'avant-scène, qui est généralement jeune et extirpée du cercle de l'intimité familiale, et le monde anonyme de l'agglomération. Ici ce petit homme trône au centre de l'image et a l'air content de pouvoir se distinguer du groupe, en marge de la ville. Il semble de connivence avec l'invisible sujet peignant et fait à lui seul rêver plus que les grands ensembles déprimants. Par contraste, un enfant représenté au cœur de la ville, dans *Le chapeau noir* (1972), est nettement plus triste, apparemment plus aliéné.

Quoi qu'il en soit, la miniaturisation à distance du monde urbain a des vertus d'apprivoisement: on peut alors aimer la ville puisqu'on la vit sur le mode imaginaire, puisqu'on est bien soustrait à son influence réelle et à son pouvoir néfaste, puisqu'on protège sa solitude et qu'on y maintient son hétérogénéité vitale. Mais cette forme de représentation est également ironique: nul doute que le peintre, en suggérant une agglomération sous la forme d'une petite masse maîtrisable, cherche à nous pointer la vaine agitation humaine des grandes concentrations et à soulever des réflexions philosophiques sur le devenir de la vie, de la conscience et de la Terre.

Par moments, le picturateur osera se rapprocher davantage de la cité. Dans *La ville* (1958) justement, nous sommes plus près de la zone urbaine, à sa périphérie; or ce qui s'offre au regard est un entassement indistinct de cases impersonnelles et désertes, à la limite d'un terrain vague. Autant de coquilles vides semblables dans *Métropole* (1960). Dans une œuvre tardive, *Sans titre (La ville, la nuit)* (v. 1987), les rescapés d'une agglomération sont des êtres flous, fantomatiques sous la lune. Posée encore plus près sur un horizon de neige, la *Ville enneigée* (1963) devient une juxtaposition monotone de petits carrés, le tout vu en plongée et suggéré par quelques traits gris et marron; on dirait un bidonville et nul ordre n'est reconnaissable dans ce fantôme d'urbanisme: aucune rue, aucun cadastre, si bien que la ville ainsi rapprochée tend autant à l'abstraction que lorsqu'elle est vue de loin. Plus on pénètre dans cet espace, moins il se prête à l'exercice imaginaire: il tombe dans la banalité du réel, devient problématique, voire véhicule quelque message apocalyptique. C'est peut-être la raison pour laquelle, en une sorte de transaction imaginaire, le peintre voit souvent la ville comme un monstre qui produit des autoroutes, c'est-à-dire des chemins de sortie surtout, voies rapides qui détournent du centre, qui en ménagent des points de fuite (voir *Autoroute* ou *Solstice d'hiver*).

La ville rapprochée: focalisation interne

Lorsque le peintre entre dans la ville, il aiguise énergiquement sa critique sociale: le frappe la laideur des ruelles, des poubelles, des poteaux électriques et des cheminées d'usines, comme dans *Ville* (1940). Les constructions font fi du besoin de nature et d'espace ouvert de l'être humain: la foule anonyme, compacte et triste de *Montréal l'hiver* (1965), par exemple, ou celle, plus clairsemée, du *Chapeau noir* (1972), circulent le long de murs semblables à ceux des prisons. Vue de l'intérieur, le monde urbain se présente sous la forme d'un réseau de corridors étouffant où l'essor du rêve n'est pas possible.

Dans les œuvres plus tardives, cette image noire de la ville s'accentue, en plus expressionniste. Une scène sans titre (v. 1989), qui pourrait s'intituler *Rien* comme l'unique mot qui figure en grosses lettres sur une affiche du premier plan, nous montre une rue passante un soir d'hiver. Une longue file de personnages gourds sur le trottoir, dont l'ombre est portée sur la neige de la chaussée, se dirigent vers le centre illuminé du tableau, vers des tours, dont les murs sont roses violacés et les fenêtres lumineuses. Dans la rue, une voiture, phares allumés, roule vers nous en sens inverse de la foule. L'ensemble de cette scène autour du vide urbain produit un effet d'accablement. *Le camion rouge* (v. 1989), offre une schématisation analogue d'un jour enneigé et triste dans un square: un personnage en amorce, engoncé dans son manteau au coin gauche du tableau, a un regard oblique qui dit son affolement, comme s'il percevait l'imminence de quelque cataclysme. La ville vue en focalisation interne est décisivement un espace inquiet chez Lemieux où règnent la méfiance et le maheur.

À d'autres moments, rares il est vrai et essentiellement dans ses toiles primitives, Lemieux a inscrit sur des bâtisses au cœur de Québec son propre nom et celui de ses proches. Cette signature intégrée au bâtiment urbain apparaît, par exemple, sur la façade d'une taverne dans sa *Fête-Dieu à Québec*, sur le toit d'un commerce de *Notre-*

Dame protégeant Québec (1941) ou sur un immeuble de son projet de fresque *Québec* (1949). Fantasme de propriétaire? Ce serait trop simple: il y a là plutôt une appropriation symbolique de la ville d'abord par la langue française (noms et mots de ces peintures étant français), ensuite par la famille, comme s'il souhaitait réduire la dimension impersonnelle de la grande agglomération à celle, plus aimable, d'un village francophone, voire à celle, encore plus attachante, d'une famille. Voilà bien une autre façon de miniaturiser la ville de manière à la rendre plus conforme à l'imaginaire et au désir. La ville au passé était encore habitable aux yeux du peintre.

Pour que le centre urbain continue au présent de nourrir la rêverie à travers son flou et son mystère, Lemieux le ramène à des fragments de toits vus en contre-plongée, comme sur une photo ratée. Perspective étonnante, à l'opposé de celle qui prévaut, à vol d'avion, dans l'art de son époque intéressé par la vitesse, comme par exemple dans *Autriche* (1954) de Riopelle ou *Givre* (1965) de Tonnancour. Ainsi dans *L'été à Montréal* (1958) où, sous des tons de gris, d'oranger, de jaune, de kaki, seule l'extrémité supérieure de deux bâtisses se découpe sur un vaste ciel jaune: à gauche, une corniche et, sur le toit, un petit pavillon de service; à droite, séparé du premier immeuble, un autre toit avec un contrefort décoratif en béton et un bout de cheminée. Voilà tout ce qui reste de la ville écrasante, dans cette toile qui rappelle Edward Hopper et qui combine la figuration et l'abstraction.

Dans *Soleil sur la ville*, on voit une réduction géométrique semblable, mais les petits rectangles du cadre bâti sont plus nombreux: sept ou huit toits forment une esquisse de la ville (probablement Montréal encore et le mont Royal) qui, tel un iceberg, ne montre que la partie élevée de quelques immeubles sans fenêtres, le tout se découpant sur un grand ciel vide. Le peintre n'y capte que les jeux d'ombre et de lumière sur le crépi et la brume irisée des gratte-ciel. Les toits sont à l'agglomération ce que la tête est au corps: avec cette cité de toits, le peintre a créé une métaphore éloquente du corps humain. Les attaches représentationnelles ainsi minimalisées font penser aux visages effacés si énigmatiques de Lemieux. Ville fragmentée, mystique et anoblie, qui engendre une rêverie ascensionnelle, lumineuse et céleste. Façon urbaine de dire l'absence de la ville.

Ce qui caractérise ces bribes de ville, c'est qu'elles sont évacuées de toute vie humaine. Pour qu'il parvienne plus sûrement à apprivoiser l'imaginaire, le grand centre doit évacuer toute âme qui vive: «Une grande ville complètement déserte serait fascinante à peindre», dit-il, dans un entretien avec Nagel (1963). Voilà bien ce à quoi il s'est appliqué inlassablement dans nombre de ses toiles, rappelant en cela quelque cauchemar buzzatien. Il s'est attardé, par exemple, à dessiner une rue fantomatique sous une forte *Tempête de neige* (1974) où n'évoluent qu'une voiture égarée et quelques êtres falots presque invisibles. Ou encore il représente une succession de façades sans vie dont les fenêtres semblent bouchées. *La nuit à Québec-Ouest* (1964) et *Nuit sans étoile* (1964) proposent cette saisissante atmosphère surréaliste.

Dans la première toile, des maisons rouges s'alignent les unes à côté des autres, séparées par des espaces égaux et enneigés. C'est la nuit dans un quartier désert de banlieue. Au centre de la toile, on ne voit que deux façades, et, de part et d'autre, des segments de façades voisines apparemment identiques. Ces maisons uniformes et impersonnelles sont quadrillées de fenêtres et de portes fermées. Derrière ces bâtisses sinistres, d'autres maisons semblables se laissent deviner. Entre les bâtiments, à l'arrière-plan, on entrevoit au loin, sur fond de ciel nocturne, quelques lumières qui scintillent et signalent le centre de la ville. Ici les immeubles sont isolés les uns des autres: il n'y a, pour les lier, aucun chemin, aucun trottoir, aucune entrée qui y conduit, aucune communication, aucune trace humaine. Isolement, absence de liens, froideur affective, impersonnalité déprimante, telle est la représentation que Lemieux se fait de la ville habitée, mais déserte.

La seconde toile, *Nuit sans étoile*, développe un point de vue différent, mais toujours en focalisation interne: des immeubles analogues, probablement les mêmes que dans la précédente toile, avec des fenêtres aveugles, se juxtaposent sur le côté droit de la rue dans une enfilade en perspective. Au milieu, l'espace enneigé de la rue et, à gauche, une série de lampadaires qui longent un rempart. À l'arrière-plan une masse de points lumineux signale le cœur de la ville lointaine. Dans ces deux œuvres, aucun être humain. Ces espaces semblent complètement déserts. Les gens sont enfermés chez eux. Ils dorment peut-être. Silence. Les immeubles ont l'air abandonnés, mais une mince et minimale trace de fumée s'échappant d'un petit tuyau sur le toit suffit tout de même à indiquer une présence vivante qui se terre.

Cependant la rue n'est pas toujours déserte chez Lemieux. Au contraire, ce qui caractérise davantage la ville habitée selon lui, c'est la foule compacte et la circulation dense. En voilà bien d'ailleurs la dimension la plus négative et il la montre notamment dans *Le temps de Noël* où des gens ahuris, par une journée froide, se bousculent sur les trottoirs, en compagnie d'un folklorique père Noël, alors que, sur la chaussée, les voitures avancent pare-chocs contre pare-chocs.

Quand elle ne s'associe pas à quelque cauchemar de la quantité, la ville habitée reste essentiellement pour Jean Paul Lemieux un lieu abyssal, d'où n'émergent que la solitude, la décrépitude, la marginalité sociale, la névrose, la criminalité. Tout ce que peuvent produire les grandes agglomérations, ce sont des déviants et des forces répressives pour les mâter: elles ne font qu'ajouter des malheurs à ceux qui existent déjà dans la condition humaine.

La toile de Lemieux la plus saisissante sur le sujet est *Le soleil se lève. Le soleil s'en va,* qui figure un homme flegmatique en complet cravate étriqué avec un chapeau feutre — style détective — dont la silhouette stricte se découpe sur un paysage urbain embué où trône la tour de la Place Ville-Marie de Montréal. Cette œuvre (au format bien évidemment vertical) est à mettre en rapport avec une autre où deux détectives analogues, en feutre mou et tout en noir, accompagnent des *Indésirables* (1968), adolescents dépouillés et démunis qu'ils viennent manifestement d'arrêter. Le fond emblématique de ces problèmes urbains est le même gratte-ciel, c'est-à-dire un cauchemar quantitatif écrasant.

Montréal s'associe encore à une autre forme de marginalité: la folie. Dans *Hommage à Nelligan,* on voit le poète mélancolique et oisif errer, un jour d'hiver, au Carré Saint-Louis devant une série monotone de maisons victoriennes. *Course de novembre à Blue Bonnets* (1962) dit une dépossession différente, cette fois par la ville du jeu qui crée des illusions, drogue les consciences, exploite les pauvres, ruine les familles; derrière le champ de course, on voit deux symboles familiers de l'aliénation québécoise (et universelle): religieuse, avec l'Oratoire Saint-Joseph, et industrielle, avec une cheminée d'usine.

Cette ville habitée s'intériorise encore dans le monde cellulaire des immeubles où s'infusent l'ennui et le malheur solitaire des êtres; ou dans l'univers vide, affolant aux yeux du peintre, des supermarchés, enfer des allées immenses et de la répétition. Voyez, par exemple, une œuvre prenante comme *Les appartements Stanford* (1965): à l'avant-plan sur la gauche, à l'extrémité d'un corridor déprimant avec sa succession de portes numérotées, une femme solitaire, en tenue d'hiver, s'apprête à sortir de l'immeuble. Dans *Supermarché* (1964), une vieille dame partage sa mélancolie avec nous sous un livide plafond de raies fluorescentes, dans une longue allée de marchandises qui s'étend à perte de vue derrière elle. Lemieux excelle à mettre en évidence les difficultés d'adaptation des humains au monde artificiel qui se développent dans les grands ensembles. L'imagination ne peut plus s'y déployer. Le désir y est tué, le rêve avorté. Il y a là également une critique acerbe d'une certaine société de consommation dont l'abondance est foncièrement pauvre, si l'on peut dire, et ne parvient pas à épanouir les êtres.

Voilà sans doute pourquoi le peintre préfère les villes vides, car au moins le malheur n'y est pas visible.

La ville noire

Quels que soient les efforts que le peintre déploie pour apprivoiser le monde urbain, il reste que ce dernier ne peut échapper à une sorte de malédiction générale et inéluctable: la ville, c'est le cancer de la planète. Dans son développement insensé, elle éreinte l'humain, détruit la nature et affecte la Terre entière. Cette métastase cruelle la destine à un avenir sans espoir. Lemieux exprime ouvertement ce pessimisme quand il peint ses villes détruites: la *Ville inondée* (1962), incendiée (*Québec brûle,* 1967), ou ravagée (*The Aftermath,* 1968) dont les ruines accablantes témoignent de quelque bombardement ou séisme. Mais le *punctum* de cette dernière toile, comme dirait Barthes, le détail qui nous sollicite et provoque une centration du regard, c'est la végétation qui envahit les rues en un retour vengeur, et surtout le museau d'une vache qui dépasse à l'angle d'un mur en ruines: triomphe entêtant (et moqueur) de la nature sur la folie des villes. Ici le *punctum* devient philosophème et contient toute une leçon de sagesse.

Les visions d'apocalypse se développent davantage chez Lemieux à mesure qu'il vieillit. Il en vient à voir la ville en proie à quelque souffle radioactif ravageur, dans ses dessins tardifs comme *Panique* où des dizaines de personnes fuient, poussées par un grand vent. Ou encore ce sont les agglomérations mortes, décapitées, que Lemieux imagine dans un futur proche, après une Troisième Guerre mondiale, par exemple, dans *Québec en ruines* ou en l'an 2082 exactement. Dans ces visions de cauchemar ne gisent, sur l'asphalte fissuré, qu'un ou deux squelettes et ne survit qu'un témoin anglo-saxon

(Erikson) en scaphandre d'astronaute (voir le carnet de cinq dessins *Year 2082*: *Erikson Exploring a Montreal Street*, 1972; *Erikson in a Ruined Hotel in Montreal*, 1972). Le développement urbain ne semble ouvrir ici que sur la hantise de la destruction et la catastrophe planétaire, dont suffiraient à témoigner les toiles tardives du peintre telles que *Hiver nucléaire* ou encore *Nuage sur la ville* (au-dessus d'une agglomération réduite à un étagement de lignes à la Klee, stagne un épais nuage noir troué d'un soleil malade).

Qui dit ville dit désormais, irrémédiablement, détresse: dans *Femme au collier* (v. 1988), le soir, dans une rue mouvementée, une dame en robe décolletée grise à manches longues et gantée porte les mains à ses oreilles, la bouche ouverte, l'air angoissé, exprimant une douleur intense. Un espace éminemment dramatique est créé: quelque accident vient de se produire, une catastrophe est en train de survenir. Un autre soir, ou le même, dans une toile intitulée justement *Angoisse* (1988), toujours dans la ville, deux figures féminines, une femme et sa fille probablement, expriment une déréliction analogue. Le lendemain peut-être, de nouveau dans une scène urbaine nocturne (*Sans titre*, v. 1989), deux voyous embusqués, l'un de dos, le second ayant le visage coupé au ras du nez par le cadre, attendent, dans une rue déserte, une dame seule qui s'avance vers eux sous un lampadaire: elle marche sur le trottoir, elle est à quelques mètres de ses futurs assaillants. Nous, nous sommes avertis du danger, nous les voyons en train de préparer un mauvais coup, attaque et vol sans doute, mais la victime imminente ne se doute encore de rien. La ville ou l'agression, la ville, espace hostile.

La ville devient sur le tard, pour Lemieux, une nuit perpétuelle, un lieu dangereux, gangrené, où le bonheur n'est pas possible: y champignonne l'insalubrité, y grouillent les mille-pattes de la délinquance, y règne l'insécurité, y éclate la violence.

Urbanité et ruralité

Mais on aurait tort de croire que le malaise d'être ne surgit ici qu'à la ville. Il est plus fondamentalement existentiel. Déplacé dans un cadre champêtre, le regard peignant semble éprouver le même ennui qu'il laisse alors couler sur les paysages. Un fond de détresse commun à la ville et à la campagne se dévoile, quoiqu'il s'exprime plus dramatiquement dans le monde citadin. L'isolement rural est tout compte fait bien proche de la solitude urbaine. Mais le peintre accordera toujours visiblement une préférence intime à celui-là plutôt qu'à celle-ci. Nombre de ses toiles se replient sur le calme d'un village, avec un petit groupe de maisons et son centre traditionnel, l'église (vision réconfortante et maîtrisable), ou encore n'hésitent pas à complètement isoler une famille dans quelque territoire désert, loin de tous signes de civilisation. L'espace champêtre qui l'intéresse surtout est territorialement lié au pôle de référence qu'est pour lui la ville de Québec. Pour les Montréalais, la campagne, ce sont les Laurentides. Pour les Québécois, ce sont les alentours de l'île d'Orléans, et au-delà, vers le Nord toujours, Sainte-Anne et Charlevoix, voire peut-être le pourtour du lac Saint-Jean. Lemieux a inlassablement peint des scènes et des villages de ces régions nordiques, par exemple *Les Éboulements* (1935), *L'Île-aux-Coudres* (1932), *Baie Saint-*

Paul (1935), *Charlevoix* (1935), *Patineurs à Montmorency* (1939), *Port-au-Persil* (1950), *Butte aux Éboulements* (1934), sans oublier la série d'estampes de *Maria Chapdelaine.* L'habitation des Chapdelaine, illustrée à partir du roman de Louis Hémon, est éloignée dans les montagnes, à plusieurs heures de route au nord de la ville de Québec. C'est le foyer d'une vie lente et minimale au cœur de l'hiver rude et sans fin.

Lemieux a aussi représenté l'espace rural manitobain: c'est sans doute parce qu'il a connu la romancière Gabrielle Roy qui a vécu à Québec vers la fin de sa vie. C'est par le biais de ce voisinage québécois que le peintre étendra son territoire imaginaire jusqu'au Manitoba, en illustrant le roman *La petite poule d'eau.* Le domaine Tousignant dans cette série d'estampes l'a aussi attiré pour son isolement extrême: il l'a imaginé on ne peut plus éloigné des centres urbains, îlot perdu aux confins de la toundra éternelle. Ce domaine, présenté en vision cavalière, se constitue de trois bâtiments noirs avec des toits de neige que la lune éclaire, le tout sur un fond de nuit dominant. Ces bâtiments n'occupent que le dixième inférieur de l'estampe. Un sentiment d'oppression et de désolation, à la limite du supportable, s'en dégage, en même temps qu'une sensation de paix inaltérable.

Malgré un ennui commun qui enveloppe ville et campagne, l'œuvre de Lemieux tient tout de même à les diviser en deux espaces de signes opposés. Chantre de l'isolement et du spleen, le peintre a éprouvé une fascination particulière pour la campagne. La maison retirée dans un paysage champêtre, éloignée de toute civilisation représente une sorte de fantasme paisible et utopique. Mais il y a plus; la campagne est plastiquement plus attrayante que la ville: elle est avant tout horizontale, par opposition à la cité, d'une verticalité trop étouffante.

Du corps urbain, le corps rural se distingue également, pour Lemieux, par tout un système de valeurs et par la relation au travail: le point de vue rural valorise la force, l'endurance, la solidité, le calme, la patience plutôt que la forme, la jeunesse ou le bien paraître. Quand Lemieux représente une situation de travail, il le fait plus volontiers par l'entremise du corps rural. Voyez l'activité d'ensemencer dans *Paysage de Saint-Antoine-de-Tilly* ou dans *La semence*; les labours de *La grande terre*; la cueillette des bleuets dans une estampe de *Maria Chapdelaine.* Dans les traditions populaires, le corps est souvent en prise sur le monde et constitue une parcelle non détachée de l'univers: les femmes menstruées peuvent faire tourner une mayonnaise par exemple (Le Breton, *Anthropologie du corps et modernité*, 86s). Or chez Lemieux le corps rural ne connaît de communion avec la nature que par le travail. Et ce corps est globalement plus serein à ses yeux que le corps urbain, angoissé, bousculé, ou d'une solitude névrosante: voir, par exemple, la souriante Luzina, mère de famille courageuse et infatigable, dans l'estampe que Lemieux lui a consacrée pour *La petite poule d'eau.* Il y a aussi, toujours discrète mais vivante, chez les ruraux du peintre, une délicate recherche de l'autre qui se lit sur les visages, l'autre étant plus implicitement fraternel ou sororal qu'à la ville où il n'est que bruit, menace et agression: les ruraux de Lemieux sont certes placides, mais intérieurement plus animés par une douce quête de tendresse. La relation à autrui est possible chez eux, alors que sur les visages urbains se lit toujours quelque pâle panique, qui s'affirme de plus en plus crûment dans les toiles tardives.

4
Les moyens de transport

La voiture

Les toiles de Lemieux sont, tout observateur le saisit dès le premier coup d'œil, d'un grand statisme. Cette fascination pour l'immobile ne l'a cependant pas empêché de s'intéresser aux moyens de transport: voilà ce qui séduit ici l'amateur de peinture et ce que les spécialistes n'ont guère remarqué.

Au premier rang, la voiture l'a quelque peu sollicité: elle a certes ses dimensions négatives parce qu'elle renvoie au monde globalement abhorré de la ville et à celui de la quantité (aux situations d'encombrement), mais elle sert aussi à rompre l'isolement et à vaincre les grandes distances de l'Amérique. En ce sens la voiture a un caractère événementiel, ce qui peut être bienvenu dans un univers rongé par l'ennui. Dans *Voyage vers la nuit* (1963), *Chapeau noir* (1972), *Tempête de neige* (1974), *Deux personnages dans la nuit* (1989), *Sans titre (La ville, la nuit)* (v. 1987), *En automobile* (1987) par exemple, un véhicule solitaire s'approche de nous sur une route déserte ou dans une rue enneigée. En elle-même, et lorsqu'elle est solitaire, l'automobile constitue une apparition insolite dans le paysage. Elle a aussi un pouvoir chaleureux de rapprochement des êtres. Elle partage avec le train cette caractéristique de s'associer très nettement, non pas aux départs, mais aux arrivées, c'est-à-dire qu'elle est souvent porteuse de joie et de nouveauté. Ainsi, en général, la voiture fait face aux spectateurs, comme les figures humaines du peintre (voir encore *L'hiver,* 1969). Le point de vue adopté par le sujet peignant est celui, passif, de ceux qui sont statiques et attendent l'arrivée événementielle. Voyez notamment l'estampe qui a illustré le roman *La petite poule d'eau* de Gabrielle Roy, *L'arrivée de Mademoiselle*: on y voit l'institutrice Côté en plein champ, dans une vieille Ford décapotable derrière un chauffeur, arrivant à Portage-des-Prés au Manitoba, région éloignée et peu peuplée. C'est d'ailleurs là un moment prenant du roman. Mademoiselle Côté est la première institutrice à venir dans la toute nouvelle école qui a été construite par M. Tousignant pour ses propres enfants. Voyez encore les quatre voitures garées devant la maison de ferme dans *La visite du jour de l'An* et qui déclarent à nouveau, comme un fait accompli, le rapprochement festif des êtres. L'automobile est ainsi un facteur de cohésion familiale.

Il faudra attendre une de ses toutes dernières toiles (*En automobile,* 1987) pour que les occupants du véhicule soient pour la première fois visibles: il s'agit d'un couple désemparé qui fuit une catastrophe imprécise sur une route grise dans une voiture rouge ancien modèle (avec les phares ronds sur le dessus des ailes). La voiture vient vers nous, vers ce qui semble être une zone de sécurité.

Le train

Comme la voiture, le train nous fait aussi le plus souvent face. Ce moyen de locomotion a fourni à Lemieux des toiles bouleversantes de dépouillement et lui a servi à exploiter les ressources de l'horizontalité. *Le train de Portage-des-Prés,* dans *La petite poule d'eau,* est un cône noir qui fonce agressivement sur nous, en effectuant un virage, au centre d'un décor grisâtre dénudé, réduit à trois lignes: les deux courbes de la voie ferrée s'élargissant au premier plan à partir d'une ligne d'horizon à peine crayonnée. *Le rapide* offre une version très proche de cette estampe: dans un vaste champ de neige, surgit du fond de l'horizon la forme conique d'un train qui s'engage, encore vers nous, dans une gracieuse courbe. *Le train de midi,* lui, s'éloigne — ce qui est rare — sous la forme d'une barre noire inscrite au milieu d'un paysage de neige d'une platitude absolue. Dans *Le long voyage,* un trait sombre sur la gauche signale la patiente et lointaine avancée d'un convoi dans un panorama désolé de neige et de forêt. Le train s'associe avant tout pour Lemieux à la campagne et à ce cogito personnel qui a transformé sa peinture: c'est en effet, rappelons-le, à bord d'un train, celui qui relie Québec et Montréal, à la hauteur de Trois-Rivières, que, significativement, à son retour d'Europe, il a été frappé par l'horizontalité du paysage québécois, horizontalité qu'il n'a cessé d'essayer de rendre dans ses toiles ultérieures.

Chaque fois, les trains de Lemieux passent ainsi devant nous, chargés d'une aura irréelle, celle qu'ils ont acquise au fil des stations antérieures et des divers paysages parcourus. La plupart du temps, ils respectent la loi de la frontalité, loi qui semble régner quand le peintre cherche à représenter un surgissement événementiel: avec eux le lointain vient rejoindre l'ici. Figures d'équilibre relatif dans cet univers, les trains rassemblent en eux toutes les vertus visuelles de l'horizontalité et celles, imaginaires, de la verticalité (l'événement étant de nature verticale). Mais le train est également chargé de la vive émotion qui imprègne les départs et les arrivées. Une œuvre tardive, *Jeune fille triste* (1988), rend ces troubles connotations: emmitouflée dans un manteau de drap rouge, un soir d'hiver, une femme est là debout sur le quai, en attente, laissée pour compte, à gauche d'une locomotive à vapeur arrêtée qui nous fait face une fois de plus.

Le cheval

Si les trains et les voitures généralement arrivent, le cheval, lui, en revanche, part toujours. Le cheval jouit d'un prestige tout à fait particulier dans l'univers de Lemieux, sans doute parce qu'il est polyvalent. D'abord il se relie au cavalier ou au traîneau, motifs qui ont donné les plus belles scènes du peintre: *Cavalier dans la neige* (1967), *Cavalier au bord d'un lac* (1970), *Les deux cavaliers* (1972), *Le cavalier* (1964), la saisissante tapisserie polaire *TransCanada* (1974), le traîneau qui file vers la forêt dans *L'orée* ou celui de l'estampe *La traversée de la rivière Péribonka,* les carrioles de la fresque *Québec* qui vont vers le fond du tableau, ou les touchantes illustrations de *La petite poule d'eau,* tel le cavalier marchant à côté de sa monture vers une vaste étendue de neige dans *Le lac de la Grande Poule d'eau,* ou le traîneau du facteur Sluzick qui, dans *La traversée,* entraîne la mère enceinte Luzina

Tousignant sur la rivière gelée de la Grande Poule d'eau vers un rivage lointain (où elle accouchera).

Le cheval apparaît le plus souvent dans un paysage d'hiver. Il est toujours assujetti par un harnais et par un être humain, homme ou garçon, mais il symbolise la liberté, dans la mesure où il ne suit pas un chemin tracé d'avance comme le train ou la voiture. Il galope avec son cavalier dans un espace ouvert à la conquête de l'horizon. Il peut s'engager dans n'importe quelle voie, surtout l'hiver lorsque les balises terriennes sont enfouies sous la neige. Non seulement le cheval ne connaît pas de route imposée, il ignore aussi les barrières: les champs et les rivières gelées qu'il traverse semblent sans enclos, sans repères de propriété.

Le cavalier a fasciné Lemieux parce qu'il appartient au monde rural et s'oppose à l'univers mécanisé si redouté ici, et aussi parce qu'il renvoie au passé, c'est-à-dire à un moyen de transport désuet, qui était courant dans l'enfance du peintre, mais qui était déjà pratiquement disparu en date de ses toiles. En outre, le cavalier agit comme un *homo viator*: il semble porter au loin un message; parfois même il est effectivement facteur, comme Nick Sluzick dans le roman *La petite poule d'eau* de Gabrielle Roy, personnage qui, de toute évidence, a particulièrement intéressé Lemieux, parce qu'il distribue le courrier jusqu'au fond de la toundra. Même s'il est laconique dans l'œuvre de la romancière, il fait profession de faciliter les communications, il transmet les bonnes et les mauvaises nouvelles, il incarne la maîtrise, le devoir et le dévouement. «Au loin, dans l'immense solitude uniforme, apparaissaient un cheval tout suant et, sur le siège d'un traîneau, une grosse boule de fourrure d'où émergeaient de tristes moustaches jaunes, le brouillard d'une haleine et, maintenu dans l'air, un fouet qui se balançait. C'était le facteur.» (Gabrielle Roy, 21)

Il est l'expression du triomphe spirituel sur les forces naturelles. Il vainc tous les obstacles. Il accomplit sa tâche quelles que soient les conditions climatiques: «Dans ces pays du Nord, chacun se tient pour dit que si le facteur ne peut passer personne ne passera. Le courrier de ces terribles déserts reste la grande, la plus importante affaire, et il ne faut rien moins que d'insurmontables obstacles pour l'interrompre.» (Gabrielle Roy, 26) Comme la voiture et le train, le cheval est très événementiel et narratif: il crée des rapprochements, suscite du discours et excite l'imagination. Il véhicule du rêve. Il promet de l'émotion. Il transporte du transport, pour ainsi dire. Voilà avant tout ce qui importe dans un monde où la solitude trop souvent pèse. Si chez Roy le cavalier arrive, chez Lemieux, le cavalier ne vient jamais vers nous: il nous quitte toujours, il va là-bas, emportant vers l'ailleurs une partie de nous, il va livrer un message, il va vers un lointain chargé de sens ou qui le deviendra par son passage, il va vers un destin autre. Il est comme le peintre: un messager de l'ici vers l'univers. On voit que Lemieux, même quand il illustre un roman, infléchit les motifs selon sa propre vision. Le cheval du peintre devient donc comme un ambassadeur qu'on envoie au loin.

Selon une croyance ancrée dans la mémoire des peuples, le cheval est fils de la nuit et du mystère. Il est symbole de la mort ou du présage de la mort depuis l'Antiquité grecque jusqu'au Moyen Âge et par la suite dans le folklore européen. Or chez Lemieux, le cavalier est avant tout un messager de vie: il annonce et assiste les naissances (*cf.* Luzina qui va accoucher grâce à lui). Dieu des messagers ici, il est proche des êtres mythiques que sont les anges: à cette différence près que ces derniers intercèdent verticalement entre l'au-delà et les humains, alors que les cavaliers ne se préoccupent que des relations horizontales des humains.

La vitesse

Peu d'artistes du XXe siècle se sont intéressés aux visions nouvelles apportées par la vitesse. Lemieux, pourtant réputé si immobile, a essayé de la fixer dans quelques peintures, en particulier par l'intermédiaire du thème de la course: que ce soit la course de chiens ou de chevaux, ou encore la célérité des voitures sur l'autoroute. Ces scènes sont vues de loin, en mode passif, et laissent des traces rapides dans l'espace de la toile. La vitesse se dit dans ces taches aux contours flous. Les chiens en compétition, par exemple, sont invisibles et se réduisent à de petites esquisses impressionnistes sombres sur un fond de neige. D'ailleurs les animaux, qui sont fréquents dans son univers (chiens et chevaux essentiellement), sont souvent raides dans leurs mouvements.

Telle est la vitesse pour Lemieux. Elle est perçue par le picturateur toujours en focalisation externe: privilégiant ce point de vue étourdissant sur ce qui s'agite devant nous, jamais il n'aura celui, grisant, du dedans telle la vision singulière qui défile par une fenêtre en mouvement (comme celle d'un train). Tout ce qu'on voit, c'est la voiture, le train, le cheval aller et venir: partir (pour ce dernier) ou arriver, sur le point de s'arrêter (dans les autres cas).

En s'appuyant sur cette petite observation d'amateur, on pourrait étudier savamment le jeu des arrivées et des départs dans les œuvres picturales, jeu qui rappelle la célèbre bobine freudienne et le *Fort/Da* du bébé. Nul doute que chez Lemieux ce jeu soit chargé d'émotions archaïques.

5
Les éléments

L'eau des inquiétudes

L'eau est très présente dans l'univers de Jean Paul Lemieux. Elle sert de support à plusieurs activités humaines qui font l'objet de ses toiles: par exemple, il choisit cet élément pour représenter cinq des dix provinces du Canada dans sa célèbre série de lithographies sur ce pays. Lui-même, pendant la majeure partie de sa vie, résidait l'été à l'Île-aux-Coudres, au milieu du Saint-Laurent, et, l'hiver, à Québec, ville fluviale.

Et pourtant, malgré sa familiarité avec cet élément et malgré son omniprésence dans son œuvre, l'eau lui inspire méfiance et distance. Elle apparaît comme objet de crainte dès 1912, alors que le petit Jean Paul n'a que sept ans, quand le naufrage du *Titanic* le marque pour la vie: il voit alors des photos dramatiques dans les journaux et il se met à dessiner sur des bouts de papier des scènes de carnage sous-marin. Voilà un épisode important dans la recherche du Récit enfoui de Lemieux. Il s'en confie dans une interview: «Les premières images qui ont surgi en 1912 étaient le *Titanic qui coule*» (Biron, 307). Anecdote génétique révélatrice: dans la première version de sa toile *Été 1914*[1] (1965), dont le sujet s'associe à la naissance de sa vocation d'artiste à Kent House, il se représente enfant, à dix ans, sur un terrain ouvert évoquant un parc dénudé où se profilent, à gauche, une ébauche de Kent House, au centre, un kiosque à musique et, dispersées, quelques silhouettes, avec comme figures majeures, sa sœur à droite en amorce et, au deuxième plan, bien centrale, sa mère en pied nous tournant le dos pour surveiller un garçonnet en train de jouer devant une fontaine à trois bassins (sans doute à y faire flotter un bateau): c'est la fontaine de Kent House, près de laquelle le jeune Jean Paul aimait effectivement lui-même s'ébattre sur les hauteurs des chutes de Montmorency. Cette fontaine à bassins superposés, le peintre l'a conçue monumentale et beaucoup plus grande que dans la réalité, brisant même les lois de la perspective — ce qui nous montre l'importance subjective qu'elle a pu avoir à ses yeux. Or, dans la version finale de cette même toile, le peintre fait radicalement disparaître cette fontaine avec le garçonnet, et uniquement cela, sans toucher aux autres éléments du décor. Voilà qui pourrait suffire à nous signaler les rapports sensibles et problématiques que Lemieux entretient avec tout ce qui touche à l'eau: il y a là des images profondément enfouies dans son sol mental. Cette fontaine était sans doute trop liée à ce souvenir d'enfance de l'eau inquiétante et mouvante, à

1. Une reproduction de cette version se trouve dans ROBERT (1978), 18, qui la commente.

cette eau destructrice qui, si elle pouvait engloutir un rêve flottant aussi grandiose que le *Titanic*, devait être encore plus facilement capable d'anéantir le moi.

En outre, ce n'est assurément pas un hasard non plus si Lemieux fait son entrée dans le monde tout à la fois du dessin, de l'aquarelle et de la *peinture* en évoquant un autre paysage marquant de son enfance, et dont la fontaine n'est qu'une métonymie, *Les chutes Montmorency*: ainsi s'intitulent une de ses premières aquarelles (1914) et sa première huile, qui date de 1923. Voilà encore une eau tombante, mais tumultueuse et violente qu'aucun humain n'approche et que seuls de solides rochers au premier plan parviennent à mâter. On pourrait croire que le peintre aimait ces chutes assez spectaculaires, qui attirent des milliers de touristes chaque année. Ce n'est pas le cas, on l'a vu: dans une interview, Lemieux s'est déclaré ennemi juré de ces chutes (Robert, 53). En peignant inlassablement le domaine de Kent House qui se trouve justement au sommet de ces cascades, il passera donc toute sa vie à les remonter en imagination et à tenter de les dominer par l'art.

D'autres paysages d'eau, primitifs et plus calmes, sont, eux aussi, révélateurs de la perception du peintre de cet élément. En 1935, il peint *Marine, Baie Saint-Paul*, paysage d'une région maritime, la côte nord du Saint-Laurent, qu'il aimait bien: une baie sous une averse (une eau posée, contenue, modifiée par une eau agitée qui tombe dru), avec des «échoueries» sur le rivage, rejets que le fleuve a digérés et abandonnés au premier plan. Ce rivage coloré d'ocre, de bleu, de jaune, de vert, de mauve sert de sol ferme au peintre: c'est là, sur ce rivage, pour ainsi dire, qu'il a planté son chevalet (dans son estampe *Nouvelle-Écosse* [1985], on verra justement un peintre et son chevalet devant un plan d'eau et un beffroi); c'est donc de ce point de vue terrien et sécurisant que le picturateur abordera l'eau.

Dans une autre œuvre de l'époque primitive, intitulée tout simplement *Charlevoix* (1935), une organisation plastique encore plus élaborée nous montre à nouveau une eau maîtrisée dans une baie, dominée par des caps et des montagnes et bien tenue à distance, d'abord par une vision de maîtrise (en plongée) de l'ensemble et ensuite par une masse terrestre qui occupe tout le premier plan: un chemin, une clôture, des sapins dressés avec, en écho, le clocher d'une église à l'entrée d'un village haut en couleurs. Disposition semblable dans *Les beaux jours* où l'eau contenue est perçue de haut et de loin. La baie ou l'anse, que ce soit celle de Port-au-Persil, de la Pointe de l'Islet, de Baie Saint-Paul ou *L'anse sauvage* (1963), par exemple, font partie de la poétique géographique de l'artiste, sans doute parce qu'elles participent d'une imagerie pacifiante de l'élément aquatique, la baie étant un contenant.

L'eau restera cependant toujours pour Lemieux une force foncièrement négative qui engouffre et détruit. Cette image est profondément ancrée en lui et il ne pourra jamais s'en défaire. La capacité de destruction de l'eau équivaut, au plan des résultats imagiers, à celle du nucléaire: voyez, par exemple, *La ville inondée* que le peintre a soumise au ravage émollient du flou ou ses paysages d'été sous la pluie: dans *Le chemin qui ne mène nulle part*, la route en question est boueuse sous un ciel menaçant, un gris bleu signalant l'eau qui a envahi le passage et le rend impraticable; une voiture blanche semble d'ailleurs être empêtrée au bord de cette voie inutile.

Il va donc sans dire que le contact corporel avec l'eau est ici rarement direct. Dans *Pique-nique* (1944), cinq fillettes trempent bien leurs pieds dans un étang peu profond, mais elles sont habillées, ne nagent pas, alors que deux autres sont pieds nus au bord de l'eau. Tout près, comme si ces barboteuses couraient un danger, des religieuses les surveillent attentivement, voire les semoncent du doigt. À noter cependant qu'une bravade du peintre à l'égard de ses propres craintes s'y exprime sur le mode humoristique: il y montre une des fillettes dans l'eau jusqu'aux genoux jouant avec un voilier et nous montrant son derrière (ce qui est un cas unique dans l'œuvre de Lemieux!). Mais *punctum* dérangeant de cette image: on est en droit de se demander où sont les sept paires de chaussures noires des pieds nus. Il y a là une nette infraction au code de la représentation choisi par le peintre et ce lapsus visuel est révélateur, puisqu'il indique la non-familiarité de Lemieux avec ce genre de rapport intime à l'eau.

Dans le même registre de la méfiance aquatique, les amateurs de mer, chez lui, sont plutôt des amateurs de terre ferme: ils sont debout ou assis sur la plage ou sur un quai, exposés au vent, à bonne distance de l'eau, et ils ne semblent guère connaître le plaisir de plonger dans la vague. Voyez, par exemple, *Baigneurs sur le quai* (1936), dont le titre dit tout; voyez encore *Vent de mer* (1963), son estampe *Nouveau-Brunswick* (1985), sa déprimante *Floride* (1969): les personnages bavardent ou se promènent sur la plage, et dans le dernier cas, ils sont tout habillés. Voyez encore l'estampe de l'*Ontario* dont l'eau semble inaccessible aux personnages en maillots de bain, tant la barrière végétale qui les en sépare est inhospitalière. Dans *L'océan* (s. d.), nous avons deux figures en plan rapproché debout sur une plage qui tournent le dos à la mer: un garçonnet en amorce, avec un chapeau de soleil blanc à rebords rabattus et un maillot rouge, ainsi qu'une jeune fille sortant du champ de vision; entre eux, un goéland trottine à la lisière de la vague. On pourrait sans mal multiplier les exemples pour illustrer ce rapport méfiant que l'artiste entretient, par l'entremise de ses personnages, avec l'eau. Mer, rivière, fleuve, lac, baie, l'eau est un spectacle qu'on contemple, non une occasion de contact sensuel. Un tableau résume discrètement cette perception: *La route vers la mer* (1964), où on ne voit que le chemin, bien terrien, sans la mer.

L'eau apprivoisée

Ce contexte élémentaire étant donné, il reste que Lemieux a beaucoup représenté l'eau dans ses toiles. Mais l'eau doit être décisivement apprivoisée pour que ses figures s'en approchent sans méfiance et s'en fassent une plaisante complice.

Au premier rang, le fleuve Saint-Laurent bénéficie d'une évidente faveur et on peut y voir souvent passer quelque bateau, en particulier le traversier entre Québec et Lévis, que le peintre dispose méticuleusement, en le déplaçant souvent d'une version à l'autre, pour qu'il trouve son exacte position dans l'espace du tableau, ce qui déjà indique un certain malaise inconscient, comme si le peintre hésitait à représenter le bateau, comme si l'eau du tableau était un espace de risque, comme s'il voulait protéger toutes les embarcations et leur éviter la catastrophe du naufrage. La rive cependant n'est jamais bien loin: ses navires la longent toujours plus ou moins ou suivent la côte de près: voir notamment *Marine* (1957), la toile intitulée *Québec* (1952), l'estampe du même nom, ou bien *Janvier à Québec* (1965), ou encore un navire fumant qui sillonne une bande d'eau dans *Kent House II 1909* (*Time Remembered*) ou une voile qui clapote près d'une plage dans *Colombie-britannique* (*Canada/Canada*).

Dans l'espoir sans doute d'atténuer sa peur irrationnelle de l'eau, Lemieux ménage également, ici et là, des architectures hydrauliques rassurantes: des quais, des jetées, des ponts, comme dans un village de pêcheurs (carnet de croquis 1931), ou sa fresque *Québec* (1949), par exemple. Dans *Après-midi d'été* (1971), un pont à arcades permet le passage horizontal et égal d'un train, figure de vitesse et d'équilibre, qui vainc ainsi le grand obstacle aquatique et sa menace engouffrante. Lemieux donne encore une sur-existence picturale à de simples avancées sur l'eau: voyez *La jetée à Menton* (1955), par exemple, qui près de la jetée montre une embarcation enfin en sécurité, tirée sur le sable; ou encore l'imposante jetée dans *Sans titre. SS Rivière-du-Loup* (1956) où va bientôt accoster un haut navire soulagé.

Observation à relier au souvenir traumatique du *Titanic* qu'un iceberg a fait couler: les embarcations de Lemieux sont souvent soumises au péril des glaces. Lorsqu'il représente le Saint-Laurent, il sent le besoin d'y dessiner des masses de glaces qui accompagnent ses bateaux comme de redoutables mines flottantes. Voyez sa fresque sur *Québec*, où le traversier entre la rive nord et la rive sud du Saint-Laurent doit prudemment se faufiler au milieu des banquises. Dans *Les glaces au bord de la mer*, l'artiste a même significativement fait échouer deux icebergs sur une grève, les conjurant ainsi d'une manière radicale: ils sont devenus des masses blanches, immobiles, irréelles et abstraites.

1. L'eau gelée — L'eau ne lui inspirera vraiment confiance que lorsqu'elle effectuera une métamorphose complète et se solidifiera en bloc massif sous l'influence des saisons: en d'autres mots, quand elle deviendra gelée. Voilà en effet une forme aquatique qui semble moins dangereuse dans l'imaginaire du peintre que toutes les autres: elle perd tous ses attributs perfides, parce qu'elle n'est plus de l'eau, étant dure, compacte, dense. On peut alors marcher sur ce nouveau plancher, qui ne cédera pas sous le pied et ne bougera pas comme une banquise flottante. Donc l'eau gelée, oui: pas n'importe laquelle bien sûr, pas la glace qui flotte, mais celle qui fige tout un paysage. Ce type d'eau, on le retrouve dans ses grandes toiles habitées par son leitmotiv thématique familier du cavalier solitaire évoluant sur une étendue gelée, héros moderne des glaces réconcilié avec la matière, avec le paysage, avec l'univers. De là encore ces micro-espaces favoris que sont les patinoires: transformés en miroir, l'étang et la rivière d'hiver peuvent alors accueillir l'allègre activité du patineur (voir *Patineurs à Montmorency* ou *Les patineurs du soir*, par exemple). Ce n'est pas par hasard que Lemieux associera le patinage aux joies terriennes, ici éminemment positives, de l'équitation, comme dans *Hiver.* Son *Hommage à Nelligan* présente le célèbre poète sur un fond de patinoire, au cœur d'un square enneigé de Montréal. Cette patinoire est déserte: devenu adulte, l'enfant ne la fréquente plus; il faut dire aussi qu'elle a quelque peu fondu, si l'on en juge, *punctum* qui capte l'attention, à la luminosité liquide des reflets, et donc elle a perdu ses propriétés solides qui en font tout le prix.

2. *L'eau cristallisée* — Une autre forme gelée prestigieuse de l'eau, la neige, recouvre l'immense majorité des tableaux de Lemieux et conjugue les vertus de l'eau cristallisée à celles de la terre. Voilà une eau blanche, et non noire, voilà une eau uniforme et figée, non changeante et non mouvementée. En plus d'avoir les qualités si prisées ici du statisme (les tempêtes, les rafales et les tourbillons n'intéressent guère Lemieux) et d'enrober les paysages de calme, elle offre aussi celles de la lumière, mais d'une lumière douce, égale, constante, par opposition aux miroitements trop éblouissants, trop dispersés, trop instables de l'eau vive. Elle sert encore les projets, que Lemieux réalise dans les années 1950-1960, de dépouillement de l'espace pictural et ses volontés minimalistes.

La neige de Lemieux est rarement éclatante au soleil ou scintillante dans la clarté du jour. Il n'a pas beaucoup exploité les caractéristiques incomparables de la clarté canadienne, d'une qualité exceptionnelle, crue, dure, d'une grande transparence. Celle de Lemieux est toujours grisâtre sous un ciel couvert. La neige n'a d'éclat que la nuit, sous la lune: alors elle acquiert des propriétés quasi phosphorescentes. Survie de l'être dans le non-être. Elle supporte en outre nombre de rêveries solitaires. Malgré sa tristesse enveloppante et son pouvoir isolant, cet «enfer blanc», comme on pourrait l'appeler, exprime la grandeur du dénuement dans un poignant lyrisme de l'essentiel.

Lemieux pourrait assurément dire de sa vision, après Nelligan: «Ma vitre est un jardin de givre.»

L'air

Quant à la joie aérienne, elle n'existe guère comme euphorie ascensionnelle, dans l'univers de ce peintre, sauf chez les êtres surnaturels comme les anges — mais ils sont toujours sur terre ou sont tournés vers elle — et si l'on excepte un tardif cerf-volant dans un dessin de 1990, mais il est rattaché lui aussi au sol.

Le ciel de Lemieux est souvent immense, occupant la moitié ou le tiers du tableau, comme dans la plupart des paysages picturaux québécois (Boulizon, 50ss), mais également bas et gris, écrasant, nuageux, pluvieux, enneigé, toujours plus ou moins éteint, confondu avec le sol. Ou bien c'est le ciel étoilé ou lunaire, équivalents nocturnes du ciel d'acier de plein jour. Ces cieux ne sont jamais bleus et transparents. Dans une interview, Lemieux dit ne pas se souvenir d'avoir jamais vu un ciel bleu (Nagel, 13). Son azur est opaque, saturé d'ombre. Aucune réponse ne vient de lui.

Les oiseaux n'y apparaissent que pour disparaître aussitôt sous les rafales des chasseurs. Les avions n'apportent que la guerre dans les premières toiles: parachutistes mitrailleurs et tueries insensées dans *Lazare* par exemple, massacre qui a le malheur redoublé d'avoir lieu en bord de mer, comme si le mal suprême (la mort violente) provenait de l'eau et de l'air qui auraient ainsi réuni leurs forces maléfiques. Notons d'ailleurs ici que la scène de résurrection de Lazare est du côté de la terre, source vivace des métamorphoses.

Mais nuançons: si le vent paraît, à première vue, plutôt agressif et s'associer à la vilaine mer (*Vent de mer*), il a aussi et surtout des pouvoirs érotiques puisqu'il préside à des scènes de désir. *Plage américaine* nous en révèle le sens. Sur une plage précisément, un jeune homme et une jeune femme se désirent à distance en se fixant intensément du regard: le vent visualise ce désir en dressant le toupet de l'un et la longue chevelure de l'autre. Il rend toute la tête érectile. Dans *Vent de mer* encore, une frêle figure féminine sent ses cheveux et son soyeux vêtement de bain se gonfler sous la brise. La puissance érotique de la force éolienne est davantage claire dans *La baigneuse*: une jeune femme souriante dont on voit la nudité sous la robe transparente et vaporeuse est érotisée par l'alizé qui raidit sa chevelure. Notons que ses mains sont visibles, symbole ici de liberté et d'appropriation possible du réel et de son destin. Elle a l'innocence et l'assurance de la jeunesse. Derrière elle, pour compléter la scénographie, une autre jeune femme en maillot rouge sans haut nous tourne pudiquement le dos.

Qui plus est, il semble même que Lemieux ait donné une direction précise à ce vent érotique, puisqu'il va en général de droite vers la gauche du tableau (sauf dans *Vent de mer*). *Le champ de trèfles* et davantage peut-être encore *Jeune fille dans le vent* nous le confirment: le vent, à l'instar de la lumière, y provient de la droite. Dans cette toile, le vent retrousse le toupet blond de la jeune femme vue de profil et, comme par hasard, le peintre a doté cette dernière, en plus d'un long cou mince à la Modigliani (ce qui est courant dans son univers imaginaire), de seins proéminents et pointus sous une robe blanche à encolure dorée (la suggestion érotique étant rare chez lui et donc d'autant plus significative). Ce vent sensuel et bénéfique, provenant d'une latéralité anthropologiquement positive par opposition à la «sinistra», pousse les figures vers leur pleine réalisation, vers une audace d'être nouvelle[2].

2. V. *infra*, p. 155, pour une autre interprétation de la valorisation gauche du tableau.

Le feu

Si l'eau incite à la méfiance et à la distance, si l'air se limite à susciter un érotisme discret, qu'en est-il du feu? Comme l'eau, c'est un élément destructeur. Cette destruction prend des dimensions apocalyptiques dans *Québec brûle* (1967) où Lemieux se souvient notamment des cataclysmes évoqués par son compatriote Joseph Légaré ou par les marquantes œuvres fantastiques de Monsu Desiderio. Ses toiles les plus énigmatiques sont sans doute celles où il exploite une symbolique ambiguë du feu solaire, comme dans la première scène de l'an 2082, où un gros soleil rond et bas domine le spectacle désolant d'une ville en ruines. Le feu solaire est le seul à survivre à la destruction qu'il a provoquée. À moins qu'il ne suscite l'avènement d'un nouvel humain. Un de ses derniers tableaux, *Le soleil rouge* (1982), campe l'astre du jour au cœur des ténèbres intersidérales au-dessus de la courbure dépouillée de la Terre, entre deux hommes dénudés: l'un, vieillard, quitte la scène pendant qu'un autre, plus jeune, entre, le bras et les yeux levés au ciel.

Ce soleil est relayé par le feu froid de la lune dans d'autres œuvres apocalyptiques, telle *Angoisse* (1988) où une femme et une enfant sont épouvantées, la bouche béante, au premier plan, la plus petite se tenant même la tête d'effroi. Au-dessus d'eux, au centre du ciel nocturne, une lune, ce même astre qui assiste à l'expression d'une peur analogue dans *Femme au collier* (v. 1988). Que signifient ces feux centraux qui président à l'angoisse humaine, déséquilibrent le monde et accompagnent l'anéantissement, sinon la capacité de détruire du feu, qui est sans borne et qui survit à toute entreprise de destruction?

1. *La guerre — Le soleil de la guerre* (v. 1982) offre un éclairage précis sur ce motif. Le titre, en lui-même évocateur, réfère à l'astre du jour pris au centre d'un épais nuage de fumée. Ce soleil central, c'est donc le dieu de la guerre, c'est-à-dire de la bêtise humaine. Il sème la mort violente et ruine la paix universelle. À travers lui, s'exprime la fatalité qui pèse sur la condition humaine, point crucial du pessimisme foncier de Lemieux. L'avenir de l'humain et de la Terre est entre les mains de ce feu destructeur: la guerre, l'élimination de l'espèce, l'explosion nucléaire de la planète, voilà tout ce qui nous attend. L'anéantissement par le feu. Déjà présent dans certaines toiles de sa première période (comme dans *Lazare*), ce thème refait surface à la fin des années 1970 et au début des années 1980. Le triptyque *Aujourd'hui I, II, III* (1979) met en scène une confrontation entre manifestants et forces de l'ordre: des policiers pointent leurs armes vers des civils à deux pas d'eux, des soldats tirent dans le dos d'un fuyard, des militants se font justice à coups de carabine dans un champ désert.

Le feu de la guerre éclate encore plus bruyamment dans les toiles tardives: *Soldat* (1982) montre la gigantesque silhouette tranquille et contrastante d'un homme casqué au premier plan (et qui fait masse), violemment éclairé à contre-jour par les explosions fortes et les intenses feux d'artifices de la guerre.

La chasse, thème fréquent chez Lemieux et associé au feu des armes, constitue une autre appropriation du feu à des fins de mort, mais elle est partiellement positive, il est vrai, puisqu'elle est plus civilisée que les massacres de la guerre et qu'elle apporte au moins de la nourriture aux humains.

2. *Les lumières* — Le feu ne fait pas que brûler, il brille aussi. Il y a heureusement chez Lemieux un soleil plus amène qui illumine le cœur de ses toiles, crée des effets de contre-jour (éclairage privilégié de l'artiste) et réchauffe ses paysages. Dans le contre-jour, un arrière-fond lumineux cerne une silhouette sombre au contour net campée au premier plan: l'être ainsi éclairé, mis en évidence par la lumière du fond, est passif puisqu'il reçoit une lumière négative. En outre sa masse d'ombre s'offre dans une absence et contient une forme de mort. Selon Guiomar, le contre-jour est le signe de l'Apocalypse: il renvoie à l'idée d'une mort abordée, puis transgressée dans le réveil d'une métamorphose finale.

D'autres éclairages viendront illuminer les tableaux du peintre. Aveuglante et imposante dans les paysages solaires qui ont sollicité Lemieux, la lumière du jour éclabousse les êtres et les choses de couleurs vives: sur la Côte d'Azur, dans *Soleil de midi, Menton* (1955) par exemple; ou elle entraîne au contraire une monochromie désespérément floue, et tout de même chaude, dans les déserts et les plaines de l'ouest américain et canadien: voyez *Californie* et *Le Far West,* où survivent des villes et des bestiaux. Elle devient lumière crue, nette, impitoyable sur les plages du peintre, sa *Floride* en étant un bon exemple. L'esquisse crayonnée *Plage* (1980) propose un soleil noir dominant qui place les silhouettes des personnages à contre-jour et projette leurs ombres sur le sable vers le spectateur. Mais dès que ce feu se remet à trop chauffer, il redevient inhumain: dans *L'été à Montréal,* la grande chaleur crée une sorte de *sfumato* atmosphérique d'où tout être humain est exclu. Il ne reste qu'une vision presque abstraite de la ville: des fragments de toits se détachant sur un ciel lourd de feu.

Ce feu solaire ne fait pas qu'éclairer ou réchauffer les paysages extérieurs: il pénètre aussi dans les intérieurs de Lemieux. Ce feu pénétrant et apparemment bienfaisant, on le reconnaît dans les œuvres, d'une sensualité lumineuse, suscitées par l'expérience de la Méditerranée: voir *La leçon* (1955), par exemple, spectacle domestique pacifiant où une femme instruit son enfant autour d'une table ensoleillée. Mais assez curieusement le soleil d'intérieur semble se marier aussi au vide et rappelle alors on ne peut plus la lumière d'Edward Hopper qui se spécialise dans l'éclairage de pièces désertes. Voyez l'énigmatique *Rayon de soleil* (1964): dans un intérieur d'une absolue nudité, sans décoration, sans meubles, la lumière du jour pénètre par la fenêtre sans vitre de droite. À l'arrière-plan, sous les arches d'un mur épais, trois femmes debout: deux, à robes longues décolletées, conversent, pendant qu'une troisième, en robe plus stricte, semble sournoisement les écouter dans une pièce voisine.

Tel autre feu focal brûle et brille sans détruire: il réchauffe les maisons d'hiver et se manifeste par la fumée des cheminées extérieures: voyez *La nuit à Québec-Ouest* (1964) où les façades rouges, uniformes et anonymes d'un quartier endormi, déprimant, sans âme et sans arbre, disent tout de même une présence humaine minimale à travers leur mince trait de fumée sur le toit. L'estampe *La maison de Luzina* pourrait donner un nouvel exemple de ce feu hivernal qui réconforte le petit domaine nocturne complètement isolé des Tousignant sous la neige: la fumée de la cheminée nous signale l'existence d'un foyer central de vie dans cette désolation extrême. Ce feu est tout ce qui reste de douillet et de pulsation dans un univers d'hibernation et de ténèbres.

Le feu, comme source d'énergie, crée enfin le mouvement ou son illusion: Lemieux est fasciné par la locomotive à vapeur qu'il a souvent représentée et dont l'archétype serait celle, fumante, du *Rapide* qui fonce à toute pompe vers le spectateur. Dans une œuvre tardive, *Jeune fille triste* (1988), on la voit arriver, sur le point de s'arrêter, pendant que la figure féminine se perd dans des songes inquiets. Transposé sur l'eau, ce feu fumant des cheminées anime presque toujours les navires qui sillonnent ses toiles.

Lemieux allume encore parfois ses feux de la nuit dans l'espoir d'une victoire lumineuse sur la mort. Le plus spectaculaire, c'est sans doute la lune qui fait resplendir la neige ou qui crée un sfumato d'outre-monde dans les paysages d'été, et qui, au cœur de ces espaces scéniques grandioses, fait surgir le plus capital, un regard, une touffe de cheveux, un sourire, un visage, une tête, un buste: un être humain. L'artiste s'émerveille aussi du ciel étoilé, que ce soit celui de l'été (*Sylvain et les étoiles*) ou celui de l'hiver (*Orion*). Ces scintillements de la voie lactée soulèvent des questions métaphysiques, laissées sans réponse: voir son œuvre tardive *Tourné vers le cosmos* où un homme vêtu d'une redingote jaune kaki avec moufles et tuques rouges, présenté frontalement à mi-genoux debout dans un champ de neige, contemple le ciel nocturne. Ces feux de la nuit n'ont de sens que par la conscience qui les perçoit. Ici la présence imposante s'offre, ainsi qu'il arrive souvent dans les œuvres de Lemieux, non pas comme une quantité négligeable dans l'immensité de l'univers, mais comme le point central: elle incarne la question. Le cosmos n'est rien sans les interrogations qu'il suscite, rien sans le regard qui lui donne une réalité. Les scintillements de la voie lactée n'ont d'intérêt que dans ce rapport avec la conscience humaine. L'homme de ce tableau ne cherche pas sa place, il l'a trouvée: il est dans l'ici et le maintenant de sa conscience, il existe au sein de cet espace, présence lourde, dérangeante, incontestable. C'est plutôt le cosmos tout entier qui cherche sa raison d'être, lui dont l'existence au premier rang est si fluctuante: existe-t-il seulement? Si l'on en juge aux étoiles qui brillent alors qu'elles sont disparues depuis longtemps, le cosmos pourrait n'être qu'un kaléidoscope d'illusions. Le feu, pour Lemieux, ce sera donc aussi celui de la conscience avivée devant les grands problèmes de la condition humaine.

La ville offre également, la nuit, ses lumières lointaines, bien humaines celles-là, signes vitaux minimaux au sein des ténèbres généralisées. Là encore, ces points lumineux soulèvent des questions analogues: quelle est la place de la ville dans la conscience solitaire qui la contemple? Mais ces signaux, à la différence des étoiles, indiquent une présence réelle, immédiate, palpable, celle des autres humains, et s'associent à la thématique plus étroite de la relation à la société.

3. Les feux du corps — Le feu du corps, quant à lui, se concentre dans deux lieux privilégiés: le regard et les lèvres. Le regard des figures de Lemieux est saisissant et il brille d'un éclat particulier. Voyez les yeux pétillants de *Tête sur fond jaune*, ou l'œil fulgurant de Paul VI dans *Pastor et nauta* ou le regard affolé d'*Angoisse*. On reviendra sur cet aspect, tant il est capital, lorsque l'on abordera le visage dans le chapitre sur le corps.

L'autre feu corporel, le rouge à lèvres, allume presque tous les visages de femmes et d'adolescents. Il s'associe fréquemment aux valeurs sentimentales: voyez la détonnante et énigmatique *Dame de cœur*, étrange mulâtresse qui est objet d'une évidente flamme charnelle de la part du picturateur, avec sa longue et lourde chevelure (ce qui est fort inusité chez Lemieux), avec son épais rouge à lèvres et avec tous les voyants signes de la même couleur: un œillet écarlate à la main, un collier au cou auquel un énorme cœur s'accroche et des rubis aux oreilles.

Le rouge évoque encore, d'une façon manifeste, la jeunesse plus ou moins androgyne: *Mon ange* (1958) est d'un vermillon éloquent. Frappent avant tout les rouges sourds et les magentas de nombreuses figures d'un goût séculaire et qui semblent émerger de quelque Moyen Âge. C'est la couleur dominante ici d'un *Petit garçon* (1964) au profil médiéval (cheveux rasés, cou effilé et lèvres serrées soulignées de grenat), celle du manteau de *Nathalie* (1964) ou du col roulé d'*Armandine* (1957, galerie Clarence Gagnon, Montréal), toutes deux adolescentes aux cheveux roux; celle aussi d'une robe à encolure bateau d'une fillette dans une *Nuit d'été* (1962) au sein d'un paysage lunaire; celle enfin d'un tapis dans une maison d'enfance où l'on joue du piano (*Le tapis rouge*, 1957); ou celle, saturante, du *Chandail rouge* (1958) d'un adolescent — rutilants la tuque, le pull, le pantalon, l'arrière-fond. Le rouge est aussi la couleur plus conventionnelle de la chasse, comme en témoignent ces paysans en chandail écarlate dans une scène de *Chasse à la perdrix*. Le rouge renvoie également au monde catholique de Lemieux, puisqu'il y est courant dans les uniformes: c'est, par exemple, la couleur des enfants de chœur.

Cette référence écarlate à l'univers religieux nous permet de retrouver, d'une manière inattendue, le thème de la guerre. À une rétrospective de Lemieux au Musée du Québec en 1992, on exposait un objet curieux sous verre que personne, à notre connaissance, n'a commenté: sur la couverture d'un vieux numéro du magazine *Maclean* (juillet 1962), la légende d'une photo choc signale «le sinistre champignon atomique qui a détruit Nagasaki le 9 août 1945». Or Lemieux a esquissé à l'huile, à la place du champignon atomique et dans le même encadré, une figure de cardinal avec sa barrette rouge, sa cape rouge et, chose révélatrice, une robe kaki. Cette étonnante superposition du religieux et de l'armée, métonymie du feu destructeur de la puissance atomique, est fort significative: la religion serait donc en fait comme un autre feu dangereux. Les deux catastrophes (le fanatisme religieux et le fléau de la guerre nucléaire) semblent étroitement liées aux yeux du peintre. Sa toile primitive, *Lazare*, nous proposait déjà en filigrane une association analogue: un prêtre prêche à une église remplie pendant que dehors, tout à côté, sur la grève, des civils sont abattus du haut des airs par des soldats parachutistes.

La terre

«Ardent amour pour les joies de la terre», comme dirait Gabrielle Roy, terre du travail, terre du repos, terre de la vie, terre nourricière. Lemieux n'a cessé de la chanter sous toutes ses formes dans sa peinture. Les travaux et les jours de ses campagnes (labours, semence, moisson, cueillette), les loisirs de ses personnages (chasse, équitation, promenade à pied), de toute évidence, l'attirent plus que le monde marin, aérien ou igné. Ce privilège imaginaire accordé à la terre apparaît déjà dans le langage élaboré des horizons terrestres qui englobent les figures, on l'a vu. Il aime encore les champs et leurs fêtes de couleurs (*Les grands prés*, 1964, par exemple), au bout desquels palpite l'être (*La ville illuminée*, 1961): que ce soit l'herbe haute, les fleurs sauvages, les bouquets (*Crépuscule*, 1962), les forêts (*La pointe de l'Islet*, 1964; *Orion*, 1967), les boisés (*Le bois de Saint-Antoine*, 1958), les îlots de bosquets (*Une journée à la campagne*, 1967), les arbres (*Pleine lune*, 1966), les parcs boisés (*Les noces de juin*, 1972), la ferme (*La ferme*, 1957), les clairières aux souches apparentes (*Le champ défriché*, 1975), les allées, les chemins, les rues (*Une maison à la campagne*, v. 1973). De là la force chthonienne du solide Cap Diamant ou des reliefs montagneux qu'il installe bien au cœur de ses paysages, que ce soit dans ses toiles primitives, comme *Sainte-Adèle en hiver*, *Butte aux Éboulements*, *Soleil d'après-midi*, *Paysage des Cantons de l'Est*, ou dans ses tardives, comme *Enfants dans un paysage de montagne*. Les moyens de transport favoris qu'il a choisis de mettre en scène sont aussi à cet égard décisivement révélateurs. L'avion est rare et si le bateau est présent, il fait pâle figure à côté des véhicules terrestres dont on a parlé: le train, l'automobile et surtout le cheval.

Jean Paul Lemieux, *Les Ursulines*, 1951.
Huile sur toile (61 × 76,1 cm).
Coll. Musée du Québec (#52.20)
Photographe: Patrick Altman.

Jean Paul Lemieux, *Vent de mer*, 1963.
Huile sur toile (70,9 × 108,9 cm).
Coll. Musée du Québec (#88.125).
Photographe: Patrick Altman.

Jean Paul Lemieux, *Le pique-nique*, 1944.
Huile sur toile (66 × 51,1 cm).
Coll. Musée du Québec (#57.161).
Photographe: Jean-Guy Kérouac.

Jean Paul Lemieux, *Jeune fille ou Hildegarde*, 1963.
Huile sur toile (27,5 × 19,8 cm).
Coll. Musée du Québec (# 89.156)/
Legs de M. Marcel Carbotte.
Photographe: Jean-Guy Kérouac.

Jean Paul Lemieux, *Orion*, 1967.
Huile sur toile (178 × 129 cm).
Collection particulière (Montréal).
Photographe: Patrick Altman.

Jean Paul Lemieux, *Les noces de juin*, 1972.
Huile sur toile (114 × 178 cm).
Coll. Société Radio-Canada (Montréal).
Photographe: Patrick Altman.

Jean Paul Lemieux, *Le visiteur du soir*, 1956.
Huile sur toile (80,4 × 110 cm).
Coll. Musée des beaux-arts du Canada,
Ottawa (#6504).

Jean Paul Lemieux, *La fête au couvent*, 1955.
Huile sur toile (108,3 × 142,9 cm).
Coll. Musée des beaux-arts du Canada, Ottawa (#6460)

6
Le temps

Le temps comme objet pictural

«Ce qui me hante le plus, dit Jean Paul Lemieux dans *La Presse* du 13 avril 1963, c'est le temps, le temps qui passe, le temps qui est passé, la dimension même du temps; le temps qui s'écoule; l'homme devant cet écoulement.»

Vieille question: le temps peut-il vraiment être l'objet de la peinture? D'après la théorie picturale (Charles Pierce[1]), l'icône ne peut pas enregistrer les flexions temporelles et le duratif. C'est là l'un des *impossibilia* de la peinture: un tableau ne pourrait pas, par exemple, représenter le célèbre incipit proustien: «Longtemps je me suis couché de bonne heure...» Or, puisqu'il essaie de faire exactement cela dans ses œuvres, Lemieux bouscule les théories, ou est en avance sur elles. Il cherche à inscrire

1. *Cf.* Daniel BOUGNOUX qui la résume dans «L'efficacité iconique», *Destins de l'image, Nouvelle Revue de Psychanalyse* 44 (1991), 267-280.

le temps dans la toile à travers des moyens spatiaux choisis: non seulement dire «le temps qui est passé» ou «le temps qui passe» (les moments de la vie, leur charge d'émotion et leur éphémérité), mais aussi montrer «le temps qui s'écoule», représenter la conscience de la durée, spatialiser le duratif et l'itératif, rendre dans une image la répétition de l'habitude (ce qu'en littérature l'imparfait fait si bien et si facilement). De toute évidence, il y a là un aspect important de ce nouvel iconisme que Lemieux a exploré et qui mérite notre attention.

Le passé cool

De cet univers pictural, se dégage d'emblée une conception limpide du temps. Il est essentiellement circulaire: c'est avant tout celui des sociétés traditionnelles. Lemieux s'intéresse à l'histoire, au retour cyclique des saisons, aux pratiques sociales d'antan, aux rites séculaires. Il s'oppose au temps linéaire associé à la notion de progrès, et qui est typiquement représenté par une droite orientée vers un futur désirable. Pour le peintre, cette droite se dirige plutôt vers le passé pour revenir vers le présent, en un mouvement heureux de va-et-vient, la circularité étant la seule temporalité possible. L'univers de Lemieux relève également d'une culture lente qui privilégie les longues maturations et qui se sent malmenée par certains aspects rapides et aveugles de la vie contemporaine, au point d'être incompatible avec elle.

Le temps qui domine dans cet imaginaire particulier est proche de celui qui caractérisait le lieu et la période de formation de l'artiste, le Québec de l'entre-deux-guerres: c'est-à-dire un temps régional, rural, immobile à force d'être lent, figé dans la survivance du passé, proche de la nature et imprégné de valeurs spirituelles. On reconnaît ces traits dans la persistance de figures catholiques venues d'une époque révolue et images immanentes d'un monde de valeurs arrêtées: ce sont autant de traces d'une autorité d'antan représentant l'idéologie agriculturiste du premier tiers du siècle, avec sa vision religieuse du monde et son idéalisation de la vie pastorale. On repère encore des indications de cette temporalité dans le rappel insistant de tout ce qui suggère la continuité et la permanence: le contexte familial, l'obsession de l'enfance et de l'histoire personnelle, une évidente sympathie pour le regard historique, une certaine nostalgie des origines (pour la Nouvelle-France en particulier).

«Gagnons les bords fanés du Passé», écrit Nelligan. Comme pour le poète de *La fuite de l'enfance*, avec lequel Lemieux a plus d'une affinité, le passé constitue ici l'une des préoccupations majeures. La critique a eu vite fait de le remarquer. L'évocation d'hier s'affiche déjà dans nombre de ses titres: la célèbre série *Time Remembered*, notamment, regroupe quinze illustrations qui retracent une partie de l'enfance de Lemieux entre 1905 et 1912 (il est né en 1904), source vivace de son inspiration. C'est un ensemble touchant de moments de vacances estivales et de souvenirs attendris, avec sa sœur Marguerite, son frère Henri et ses parents. Ce motif des «beaux jours», pour reprendre un autre de ses titres, le thème du vert paradis perdu, il ne cesse de le reprendre de toile en toile, avec un certain regret mélancolique. Au point que, comme bien des artistes, il en vient à mythifier son passé personnel, l'enfance étant une période idéale de lumière et de joie, d'innocence et de liberté.

Ce réinvestissement *cool* du passé, lié à celui du régional, de la nature, du spirituel est typique du postmodernisme, si l'on en croit les enquêtes de Lipovetsky dans *L'ère du vide* (57). Contre la vie urbaine et standardisée, contre les valeurs agressives et militantes, contre la boulimie quantitative et consommatrice, contre le stakhanovisme du travail et la comptabilisation du temps, contre l'épuisement de l'humain, on propose d'autres idéaux pour changer la vie. Ces propositions de valeurs nouvelles qu'endosse Lemieux rejoignent sa conception de l'œuvre d'art comme objet de civilisation et qui doit servir à amender la société, à guider l'être humain dans la recherche de solutions à ses problèmes.

L'album de famille

L'actualisation du passé s'accompagne d'une promotion imagière de la vie intime et familiale. La famille, ici, c'est avant tout celle du peintre lui-même. Il a inlassablement donné une forte existence picturale à ses parents immédiats (ses grands-parents, son père, sa mère, sa femme, sa fille) et éloignés (oncles et tantes). Il s'est aussi peint lui-même enfant dans un encadrement parental. «Il m'arrive parfois, a-t-il confié, de me placer moi-même au centre de mes tableaux, mais sous les traits d'un enfant dans la succession des générations.» (Nagel, 1963. Nous traduisons.)

Ces racines familiales, il s'est plu à en suivre les diverses ramifications dans de multiples peintures, comme *Dans le temps* (1967) ou dans *Un âge va, un âge vient* (1972), par exemple. Il ne se contente pas de peindre des figures individualisées de parents: il les rassemble souvent en des portraits de groupe. Comme pour une vraie photo de famille, il convoque sur la toile plusieurs générations, qu'il déploie ainsi dans tout leur spectre temporel. Et à l'occasion, il s'intègre lui-même sous la figure d'un enfant à cette chaîne temporelle. L'album est assurément un fantasme paisible: il allie l'enracinement dans l'espace à celui dans le temps. La cellule de base ainsi reconstruite offre la sécurité d'une présence réunifiée en un même lieu, tout en affirmant une évidente épaisseur temporelle à travers la succession des générations.

Cette succession exprime certes les cycles de la vie et la fugacité des êtres, mais aussi, bien sûr, la continuité, la durée, l'intemporalité en quelque sorte: c'est là encore une image apaisante parce qu'elle montre que l'humain, grâce à l'hérédité du sang, survit toujours aux abandons répétés de la mort. À cela s'ajoute un épisode biographique tout à fait déterminant: pour Lemieux, qui a perdu son père très jeune, l'art est sans nul doute une façon de reconstituer la famille et d'en ressouder les membres disjoints. À la cruauté d'une perte originelle, voici que l'image oppose un substitut: elle répare ce qui a été déchiré. Elle met un baume durable sur une blessure primitive.

Aussi comprend-on aisément combien Lemieux aimera raconter son roman familial et pourquoi il l'illustrera avec une émotion manifeste. Dans cette entreprise, on le sait d'ailleurs inspiré de vieilles photos, dont il a souvent dit le magnétisme qu'elles exerçaient sur lui. «J'ai toujours aimé les anciennes photos jaunies, les albums de familles. Et quand je suis dans mon atelier, devant la toile blanche, il y a quelque chose qui part de très loin et remonte en moi. Des personnages apparaissent, vaguement, ceux de mon monde intérieur. Et c'est par le souvenir que je les apprivoise en éliminant les détails... mais j'ai l'impression que ce que je vous dis là fait un peu proustien.» (Entretien de 1972 avec G. Robert, 185) À l'instar du phénomène de mémoire involontaire, l'image ancienne, suscitée par une photo du réel, surgit des profondeurs du sol mental et, avec elle, tout un vaste monde enfoui ressuscite, toute la galerie des ancêtres avec leur art de vivre, tout cela venant directement du jardin de l'enfance.

Et ainsi de tableau en tableau, Lemieux en est arrivé à constituer une sorte d'album familial de remplacement: il ne copie pas les images qui l'inspirent, puisqu'il peint de mémoire et ne recourt jamais à des modèles vivants (esthétique qui lui vient peut-être en partie de la problématique paternelle: comment peindre un père qu'on n'a pas connu sinon par l'imagination). Tout tient donc dans la rêverie. La conscience ici s'abîme dans le culte des images et, de souvenir en souvenir, se livre à un patient puzzle intérieur autour des personnages familiers et familiaux: ceux-ci reviennent avec tout ce qui revit au fil de l'exploration, de leurs attitudes, de leur regard, de leur corps, de leurs us et coutumes, de leurs lieux, de leurs valeurs, de leur philosophie de vie. Ce mouvement de retour vers le passé fait plus que débusquer simplement des traces de charme, insistons-y: il a une fonction structurante, dans la mesure où il fournit au peintre tous les éléments de reconstruction de la figure paternelle. C'est dans les images du passé que le sujet artiste doit aller chercher sa loi. Sa peinture est une tentative salvatrice de recréer le Père perdu. C'est dire combien le temps fonde l'assise même de son esthétique et justifie toute son entreprise. Voilà pourquoi le passé est si déterminant.

Toute l'œuvre de Lemieux pourrait alors être perçue comme un vaste *Imagiaire* (comme on dit bestiaire) de ce monde structurant par lui ressuscité et chaque tableau devient comme une station imagière sur le chemin de la lente recherche des images perdues. Puisque ces images ne sont pas isolées et s'articulent l'une à l'autre en une syntaxe familiale secrète, on serait tenté de l'intituler globalement: *À la recherche du Récit perdu*. Lemieux transforme ainsi le temps en un spectacle qui n'est apparemment qu'attendrissant, mais, ne nous y trompons pas, où se jouent en fait plus vitalement son équilibre et sa survie même. D'image en image, la peinture convoque la famille en y réinsérant le père. Les toiles du peintre se redistribuent en séries d'intensités à forte charge émotionnelle et autobiographique: les visions de choses et d'êtres disparus qui surgissent dans le nouvel album, immortel celui-là, résument toute l'épopée subjective. L'art est alors bien une véritable exposition de soi. Et le peintre ne surmonte la perte subie et ne maîtrise le temps (donc ne possède sa vie) que par la seule arme qu'il connaisse: l'art.

C'est dire qu'il s'agit d'un récit pictural très personnalisé. L'image intime discrètement brandie, miraculeusement échappée de l'oubli et de la mort, est tout ce qui survit au deuil qu'a traversé le peintre. L'image est tout ce qui subsiste d'une perte irrémédiable. «Au départ et toujours, une perte, un objet insaisissable et même innommable qui hante la subjectivité et fait toujours retour, comme une scène de récit[3].» Ainsi par cette prédominance accordée au psychologique sur l'idéologique, à l'individuel sur l'universel, le travail de Lemieux s'inscrit encore dans le postmodernisme, dont cette prédomi-

---

3. C. Buci-Glucksmann, «Le Cogito mélancolique de la modernité», *Le Magazine littéraire* 244 (1987): 38.

nance est un des traits toujours d'après les analyses de Lipovetsky (165).

Le temps mythique

Lemieux s'attache au temps révolu non seulement pour le bonheur intime et l'assurance structurante qui s'y associent, mais aussi pour des raisons écologiques, ce qui recoupe une fois de plus les préoccupations postmodernes. Le passé est un temps mythique à ses yeux, un âge d'or, quand la technique n'avait pas encore transformé la planète en dépotoir et en un monde pollué par le bruit. Lemieux imagine le passé comme un temps réglé par un ordre idéal, par opposition au présent où tout est laissé à l'anarchie. Il le perçoit comme un temps de paix sonore et d'espace feutré, de réflexion et de contemplation, en contraste fort avec les agressions à l'environnement phonique que produit la frénésie inconsciente d'aujourd'hui. Le peintre a donné de ce monde plus humain certaines images d'Épinal telles que le voyage en traîneau et à cheval, la nature respectée, la vie à la ferme ou les vêtements d'antan. Formées d'allusions à des modes d'être ancestraux, de figures de la mémoire et d'épisodes de vie antérieure, ces images sont non seulement tout ce qui reste de cher au sujet peignant, mais ce sont peut-être les dernières de l'humanité, à en croire les toiles tardives et pessimistes du peintre. Ce temps édénique montre, selon lui, une voie à suivre à la civilisation: s'arrêter et puiser dans la sagesse ancienne des leçons de vie moderne.

À l'occasion, Lemieux a pu évoquer dans son œuvre des temps historiques (collectifs) relativement plus lointains, tel celui de la Nouvelle-France (XVIIe et XVIIIe siècles):

dans sa toile qui s'intitule *Nouvelle-France*, il voit cette période sous les traits d'une figure maternelle originelle assise au milieu d'un champ défriché (image éminemment terrienne), avec un bébé dans les bras et une fillette à ses côtés. La Mère première loge donc en Nouvelle-France. Le monde commence ainsi dans un espace historique précis et soumis à une action humaine approuvée: les souches de la terre colonisée témoignent de cette activité appropriante et civilisatrice. Mais, notons-le, le monde commence aussi avec un père absent... qui n'a laissé que des traces de sa présence (les arbres coupés, les enfants). C'est dire que le tableau historique tente de reconquérir symboliquement non seulement le territoire, mais aussi des fragments déterminants de la subjectivité. Ce type de tableau propose encore bien sûr, et peut-être avant tout, une maîtrise du temps: fixer l'origine (entreprise cruciale ici) équivaut à instaurer la temporalité et à la structurer. La peinture organise le temps à partir d'un point: une fois déterminée, l'origine permet de situer la suite dans l'histoire. Voilà bien une forme de spatialisation du temps. De ce chronotope, de ce lieu temporel focal générateur naissent les générations qui ont conduit à soi à travers les siècles.

Dans les *Temps passés*, Lemieux procède à une autre spatialisation du temps par le biais cette fois d'une petite évolution du costume. Le peintre y distribue une série de personnages en habit de diverses époques, alternativement sur la droite et sur la gauche, de l'avant-plan vers l'arrière et du plus présent vers un passé progressivement éloigné. C'est une mise en perspective du temps. L'histoire du vêtement se perd dans la nuit des temps, c'est-à-dire dans la lumière centrale, profonde, abyssale du tableau: c'est ce feu originel et mythique qui illumine toute la toile et révèle l'épaisseur temporelle, telle qu'elle peut se visualiser dans la variété historique des costumes. Le temps est ainsi véritablement représenté en peinture. Remarquons que ce feu a la dangereuse ambivalence de l'élément igné: en tant que source, il éclaire et crée le temps, mais il peut vite se retourner en mort, Chronos étant aussi associé à Thanatos: dans *Sans titre. Soldat* (1982) un feu central analogue, en plus impétueux, brûle au cœur du tableau et consomme la destruction du monde qu'un soldat à contre-jour contemple. Né de la lumière, l'univers en mourant retourne à son point de départ lumineux.

Mais le passé mythique n'est généralement pas si éloigné pour le peintre: il remonte plutôt au début du XXe siècle seulement. Et c'est de loin ce passé proche qui l'intéresse le plus, parce que plus personnel. Lemieux le situe d'ailleurs souvent d'une manière exacte dans le calendrier, comme quelques-uns de ses titres l'indiquent: 1910, 1914, années qui correspondent à son enfance. Les principales scènes de ses tableaux ont lieu au cours de ces moments précis. Comme tout grand artiste, on le voit, Lemieux a lui-même fourni clairement les principales clés d'interprétation de son œuvre.

Le futur

Par opposition au passé, le futur est un temps négatif, mais tout aussi précis semble-t-il: 2082. Le monde ne semble pas posséder d'avenir aux yeux du peintre, puisqu'il s'est engagé dans une mauvaise voie. La seule issue possible, si rien ne change, lui paraît être la destruction de la Terre. Lemieux a produit quelques toiles apocalyptiques qui peuvent paraître détonner dans l'ensemble de son œuvre, pour justement annoncer ce futur sombre. Ce volet est pourtant indissociable du reste, lié qu'il est à la critique des valeurs modernes et à la promotion de valeurs substitutives vitales.

Après 1970, et surtout après 1980, sa pratique devient, à l'extrême, pétrie par l'angoisse, par le désenchantement que lui inspire le monde contemporain. Dans ces œuvres, d'une noire émotion, l'artiste amplifie le caractère éprouvant du présent et de l'avenir. La solitude des figures s'est transformée en miraculeuse et effrayante survivance, le monde est non seulement dans une impasse, mais la destruction totale constitue le seul futur qui l'attende, s'il ne se réveille pas. Le thème de la guerre nucléaire se met alors à envahir ses toiles. La civilisation militaro-industrielle et la fragmentation du tissu social dans les sociétés modernes ont affecté les rapports humains avec la nature, coupé les liens symboliques du sujet et altéré la conscience. Le peintre qui vit cet état de fait avec acuité ne peut que sonner le cri d'alarme. Où allons-nous? Réponse: vers l'anéantissement.

Cette vision catastrophique finale ne s'élabore que pour consolider son attachement au passé. L'ensemble produit un effet d'excès: le futur étant sans espoir, le présent invivable, il ne reste qu'un excès de passé. Ce rapport au temps est typique de la pente mélancolique qu'emprunte le sujet postmoderne (Lipovestky, 159). Selon Julia Kristeva, un passé hypertrophié, hyperbolique, «bouche l'horizon de la temporalité dépressive. Fixé au passé, régressant au paradis ou à l'enfer d'une expérience indépassable, le mélancolique est une mémoire étrange: tout est révolu, semble-t-il dire, mais je suis fidèle à ce révolu, j'y suis cloué, il n'y a pas de révolution possible, pas d'avenir...» (*Soleil noir,* 71) Présent et futur sont invivables. Le désir est enfermé pour toujours dans l'album de famille et enfoui dans le caveau personnel, dans le même lieu que l'*Imagiaire* perdu. Mais cette scission par rapport au présent et l'accent mis par le travail artistique sur les retrouvailles de cet *imagiaire* transforme radicalement la peinture: il y a ici remoralisation et renarrativisation postmodernes de l'image. En permettant la reconstruction du roman familial, l'art permet de résoudre toutes les contradictions: hypotypose du passé, il confère une présence à ce qui est perdu et il offre une permanence, un dépassement du temps. Dans le même mouvement, il dialectise le présent et propose une rénovation symbolique du donné. Il transforme l'épopée subjective en rêve esthétique et change la vie.

Pourtant, ces images nostalgiques, la critique le souligne inlassablement, sont souvent déprimantes. Déjà à la première exposition de Lemieux, rappelons-le, on évoquait une certaine «désespérance» dans la tonalité. (*Le Soleil,* 14 novembre 1938) Et ce jugement n'a cessé de se confirmer par la suite. Soit. Mais l'état dépressif, réplique Kristeva, est la condition de la pensée, de la philosophie, de la génialité. Le mélancolique est l'être de génie. Pourquoi changerait-on la pensée ou les formes artistiques si l'on n'avait pas affronté au préalable leur banalité, leur inanité. La dépression, en somme, est au seuil de la créativité, à condition qu'elle soit dépassée[4]. Kristeva rappelle dans son livre que le beau est né nulle part ailleurs qu'au pays de la mélancolie.

4. À propos de son ouvrage sur la mélancolie et la dépression, *op. cit. Cf. Magazine littéraire* 244 (1987): 18.

Les saisons: l'hiver

Lemieux s'est intéressé au passage du temps tel qu'il est notamment perceptible dans le changement des saisons. Il excelle, c'est évident, à rendre l'atmosphère des deux grandes saisons qui rythment la vie du Canada: l'hiver et l'été. La saison emblématique de la mélancolie, n'est-ce pas l'hiver? C'est cette saison qu'il a choisie pour représenter la province de Québec dans la série d'estampes *Canada/Canada*, ainsi que sa ville préférée, Québec, dans les innombrables toiles qu'il lui a consacrées. «Mon pays, c'est l'hiver», dit le célèbre refrain de Gilles Vigneault. Ma peinture, c'est l'hiver, pourrait paraphraser Lemieux. Cette saison lui est source d'inspiration majeure, parce qu'alors, d'un point de vue pictural, le paysage hivernal lui permet de jouer plus qu'ailleurs avec les codes morphologiques et photographiques du tableau, pour reprendre les données de l'analyse publicitaire: c'est-à-dire avec la localisation de la figure au sein de l'image, comme une petite masse posée sur un fond d'horizon vide; avec les techniques de plans, sélectives et emphatiques, telles que la manipulation de l'échelle dimensionnelle ou volumétrique de la figure, la mise en relief par la neutralisation du fond, les effets scéniques de la frontalité ou du profil (voyez, par exemple, la stature imposante du *Visiteur du soir*). En outre, sous la neige, les formes se réduisent à l'essentiel et tendent à l'abstraction. Dans *Un chemin en hiver* (1966), on ne voit plus aucun chemin justement: il n'y a de visibles qu'un ciel noir et un vague champ blanc. Voilà tout. Cette saison dit ainsi le déclin du sens obvie, pour employer le vocabulaire de Barthes, et le triomphe éclatant du sens obtus, qui, lui, ne copie rien, est indifférent au référent, et qui, teinté par le vague-à-l'âme mélancolique, se diffuse dans le tout de l'hiver comme d'ailleurs dans tout l'*imagiaire* du peintre.

Sous la neige, l'espace semble plus grand, plus vide, plus austère et conduit à des vertiges intérieurs que Lemieux aime saisir dans toutes leurs nuances désespérantes. C'est au sein de tels paysages désertiques que le peintre a le plus souvent convoqué ses personnages renfrognés, sidérés d'esseulement et ses couples ou ses groupes figés dans le mutisme. C'est encore en hiver qu'il a dépeint ses campagnes les plus désolées et les plus isolées, de même que ses villes endormies, immobilisées, ou rongées par quelque cancer ou tout simplement anéanties sous le blanc. L'hiver est pour ainsi dire la représentation spatio-temporelle du *tædium vitæ*. Dans ces grands espaces hivernaux, la solitude des personnages devient à la limite du supportable: leurs culs-de-sac existentiels apparaissent et les sentiments d'impuissance et de tristesse sont plus accablants que jamais. Dans le vide réfrigéré des lieux, la vanité des entreprises humaines est davantage flagrante, l'angoisse des êtres accrue, le non-sens de l'univers plus profondément saisissable. En hiver, le paysage sonore se transforme aussi et s'adoucit: c'est la saison des bruits feutrés et de la paix sonore. Voilà qui est bien fait également pour plaire au peintre. Sa toile presque abstraite, *Le silence* (1976), représente cette dimension singulière: sous un ciel nocturne, une ville dort au loin, quasi invisible, au fond d'un champ blanc qui brille sous quelque éclairage lunaire, dans un silence presque absolu. Comme le passé, qui a les mêmes propriétés calmantes, l'hiver incite ainsi à la réflexion et au repliement sur soi.

Dans ce paysage excessif, dans cet excès de paysage, un sens subtil s'inscrit, au-delà du visible, un sens ouvert qui me communique tout le spleen qui se vit l'hiver, tout ce complexe d'émotions qui s'éprouvent un jour terne, sans lumière, monotone et dépressif de janvier et qu'on pourrait appeler «l'esprit boréal». Comme il y a le «lunaire» (l'enfant qui est dans la lune, selon Winnicott), Lemieux invente le «boréalaire». Le «boréalaire» définit ce type psychologique particulier qu'est le sujet nordique en proie aux affres de l'hiver.

> Ah! comme la neige a neigé!
> Qu'est-ce que le spasme de vivre
> À la douleur que j'ai, que j'ai!
>
> (Nelligan, *Soir d'hiver*)

Peintre de toute évidence fasciné par les jours courts, Lemieux a pourtant avoué aussi sa peur de cette saison si longue au Canada, si «traumatique» comme il la qualifie lui-même. S'il a élaboré tout ce travail plastique sur des phénomènes hivernaux, c'est peut-être pour dire la stupeur angoissée qu'ils suscitent et exorciser la frayeur qu'ils inspirent.

Greffons ici un avatar biographique pour ses vertus fondatrices. Lemieux est né au début de l'hiver, en novembre. Il a représenté ce mois, dans une toile intitulée simplement *Novembre*, sous la forme d'un champ à moitié couvert de neige. Voici à nouveau la terre fondatrice, mais cette fois associée à l'hiver qui se charge symboliquement d'un autre traumatisme, celui de la naissance. N'est-ce pas d'ailleurs la saison de la «nativité» dans le mythe chrétien, thème que Lemieux a aussi choisi souvent d'aborder dans son œuvre?

L'hiver est, pour Lemieux, la saison des premiers pas dans la vie. Et malgré ses négativités, il n'exclut pas l'insouciance et le jeu, au contraire, en particulier pour ces êtres relativement libres que sont justement les enfants. On les voit ici et là en *Congé* (1932) jouant au hockey, par exemple, mais plus souvent voués à des jeux solitaires, glissant en luge dans *Notre-Dame protégeant Québec* (1941), sur patins dans *Patineurs du soir* (1962), ou sur skis comme dans *Le Skieur* (1964).

Cette saison est également un temps de coalescence familiale au cours duquel l'on reçoit toute la parenté, l'hiver restaurant les liens et correspondant aux grandes fêtes des retrouvailles. L'hiver s'associe donc à des images de réunification et d'euphorique stabilité. Plusieurs scènes disent ce thème, à la fois rectificateur d'une dispersion malheureuse et créateur de pôles d'ancrage: *La visite, La visite du Jour de l'An, Mon oncle Victorin,* notamment.

L'hiver devient cependant vite ce qu'il est fondamentalement: une saison négative, celle de l'existence âpre et difficile; il correspond à un temps de cogito mélancolique, de questionnement, de jonglerie, de résistance, de pensées funèbres. Qui dit hiver, dit vie au dedans et, tout compte fait, fermeture sur soi. Ce n'est pas un hasard si c'est également la saison de la lucidité poétique angoissée, puisqu'elle préside à la promenade du poète Émile Nelligan, autre boréalaire, dans le poignant hommage pictural que Lemieux lui a rendu.

L'hiver et les titres

Si l'on effectuait une petite analyse du code typographique de l'hiver, on verrait que deux tendances ressortent dans les titres que Lemieux attribue à cette saison capitale:

— soit les titres mentionnent explicitement l'hiver en un redoublement emphatique de l'image: on ne dit sans doute jamais assez l'excès d'hiver au Canada; on les appellera les titres opaques (on y nomme l'hiver);
— soit les titres ne contiennent aucune référence à cette saison alors que le tableau, lui, la représente dans tout son entêtement blanc. On les appellera les titres transparents.

1. *Titres opaques* — Dans le premier cas, celui des titres évoquant l'hiver, il y a des intitulés apparemment neutres tels que *L'hiver* (1969), *Le temps d'hiver* (1968), ou des qualifications minimales de l'espace comme *Les champs blancs* (1956). Aucune volonté apparente de tenir en respect la dénomination: les titres n'ont rien de déceptif, ils nomment ce que les tableaux plus ou moins évoquent et misent sur une certaine franchise de la communication. Ce sont souvent des titres que l'on pourrait dire *droits. What you see is what you get,* comme disent les anglophones. Pas de maquillage intellectuel de l'œuvre par le titre. Pas de protection: le tableau se montre totalement à découvert et s'expose à tous les risques. Mais ces intitulés perdent leur neutralité dès que confrontés à la toile: le titre commande une lecture obvie du tableau, lecture qui est acceptée ici, mais l'image dévoile une dimension supplémentaire, plus obtuse. *L'hiver,* par exemple, nous introduit, par delà la saison, à un homme à chapeau et

moufles, portant un lourd manteau avec son col relevé sur sa chemise et sa cravate, au premier plan devant une petite église villageoise. La saison est bien telle qu'annoncée dans le titre, mais l'être humain ainsi endimanché au cœur de l'hiver est si important que la toile aurait peut-être aussi bien pu s'intituler *Monsieur X en hiver* ou *Le maire* ou *Le village* ou *Le dimanche* ou *Devant l'église...* D'autres tableaux connaissent le même traitement. *Le temps d'hiver* renvoie surtout à un jeune à tuque bien campé au premier plan dans une clairière blanche; *Le bel hiver,* à un homme emmitouflé au bord du cadre devant un Saint-Laurent couvert de glaces et devant Québec enneigée par un jour poudreux.

On le voit, ce qui intéresse en fait Lemieux, c'est moins la saison seule et ses possibilités d'exploitation picturale que l'humain se débattant au cœur de cette saison traumatique: ce qui le passionne, c'est la subjectivité hivernale, avec sa sensibilité, sa perception du monde, sa relation au corps propre, et sa conscience du paysage, des éléments ou du froid. Bref, c'est le «boréalaire», et ce que cette subjectivité septentrionale fait partager comme émotion. Tout cela se prolonge encore une fois bien au-delà du simple visible du tableau.

La dé-neutralisation du titre par l'image devient même parfois engagement critique, comme dans *Montréal, l'hiver, Janvier à Québec* ou *Hiver à Port-au-Persil* par exemple: le propos réducteur du titre hivernal apparaît aussitôt que le regard se déplace vers l'image. Le tableau a alors vraiment fonction de généralisation, de typification et a l'air de dire: voyez, c'est typique de Montréal en hiver, c'est si déprimant; voilà à quoi ressemble toujours janvier à Québec, c'est encore typique; à Port-au-Persil, l'hiver vide le paysage de tout être humain et c'est toujours ainsi: le désert.

Sous d'autres titres apparemment neutres, références sont faites à deux types d'activités saisonnières: à l'activité de la nature que l'humain a à subir: *Tempête de neige, Ville enneigée*; et surtout aux activités humaines pendant l'hiver: *Le skieur, Les patineurs du soir, Traverse d'hiver, Le temps de Noël, La visite du Jour de l'An.* Curieusement, il n'est jamais question de déneigement, activité pourtant cruciale dans les pays nordiques. La neige encombre l'espace du tableau, mais on y bannit la pelle et le chasse-neige, sans doute parce qu'ils sont liés au travail trivial, non au plaisir. Les figures de Lemieux ne luttent pas contre l'hiver: elles le laissent passivement envahir l'espace et le moi, elles le subissent et s'y soumettent. Le titre donne d'ailleurs souvent une précision essentielle qui oriente le sens de l'image: dans *Le skieur* par exemple, seul le titre permet d'identifier l'activité de la figure, puisque nous n'y voyons ni skis ni bâtons, si bien que ce pourrait être un simple piéton de l'hiver, comme il y en a tant chez Lemieux.

Certaines toiles insistent sur le passage même de la saison: ainsi *Solstice d'hiver.* Ici, à travers la représentation du jour le plus court de l'année que, seul, son titre permet d'identifier comme tel, Lemieux, en un effort renouvelé de montrer le temps en peinture, suggère que ce moment est pareil aux autres dans cette interminable saison: l'hiver paraît être toujours ce qui continue et semble ne jamais commencer ou finir. En ce sens, ce serait bien la saison de la continuité.

2. *Titres transparents* — Dans le second cas, celui où les titres ne mentionnent pas l'hiver que, par ailleurs, les tableaux représentent, les titres évoquent soit:

— des lieux: *Les hauteurs d'Abraham, Terrasse Dufferin, Québec, Métropole, Gaspésie, Petite ville*;

— des lieux associés au temps: *La nuit à Québec-Ouest*;

— le temps (qu'il fait et l'heure qu'il est): *Nuit sans étoiles, Le train de midi*;

— un personnage: *Julie et l'univers*; *Ti-Gus, Marie-Gemma, Mon oncle Victorin, Le visiteur du soir*;

— une situation: *Rencontre, À chacun sa nuit, Terminus*;

— une activité: *Cortège funèbre, Visite, Cavalier au bord d'un lac.*

Ici on mise sur l'évidence imagière pour compléter le sens évoqué dans le titre: le tableau tend alors vers le sens obvie, tandis que le titre propose plutôt un sens obtus (par exemple *Julie et l'univers* est plus ouvert que l'image, laquelle montre simplement une jeune femme et l'hiver). Certaines scènes, il faut dire, connotent déjà la saison dans l'imaginaire collectif, telles les *Nativités.* Cette situation se reconnaît encore dans les mois intermédiaires qu'il faut bien relier à l'hiver au Québec: novembre, mars, dans les tableaux éponymes. Lemieux ne dira pas le contraire qui les a représentés enfouis sous la neige.

Au dossier négatif de l'hiver, il faudrait joindre la thématique guerrière et catastrophique que le peintre lui découvre, notamment dans *L'hiver nucléaire.* L'hiver, c'est alors plus que jamais la saison du temps présent et celle du futur. Saison qui a présidé à la naissance, elle est aussi celle qui présidera à la mort: mort de la société et mort de l'individu (Lemieux l'avait comme pressenti, lui qui est décédé, rappelons-le, un jour de décembre).

Les saisons: l'été

Il y a chez Lemieux une évidente sexualisation des deux grandes saisons de son univers. L'été est la saison de la femme, alors que l'hiver est celle de l'homme. Voyez le tableau suivant pour une amorce de répartition:

TABLEAU I
Les saisons et le genre

HIVER MASCULIN	ÉTÉ FÉMININ
Le temps d'hiver	*Les beaux jours*
L'hiver	*L'été*
Dies iræ	*L'angoisse*
Le champ défriché	*Le champ de trèfles*
Tourné vers le cosmos	*Femme au collier*
Le visiteur du soir	*La baigneuse*
L'hiver nucléaire	*Nu sur fond bleu*
Soleil de la guerre	*Une maison à la campagne*
Le camion rouge	*Jeune fille dans le vent*
Hommage à Nelligan	*L'orpheline*
Mon oncle Victorin	*Le grand nu*
Le bel hiver	*Les Ursulines*

Ce petit relevé rapide est éloquent en lui-même. On y voit très nettement que les tableaux d'hiver et d'été sont distribués en scènes se rapportant à des figures masculines pour les premières, et à des féminines pour les secondes. C'est là, non une spécialisation exclusive des saisons, mais simplement une tendance et il y a des exceptions. L'été met davantage en évidence, comme on pourra le dégager des diverses petites descriptions qui suivent, le corps, les couleurs, la sensualité, la liberté de l'enfance, le passé, les nourritures terrestres. C'est aussi la saison maternelle par excellence. Il est par ailleurs intéressant de remarquer que les tableaux de *groupe* sont plus fréquents l'hiver que l'été, ce qui confirme le caractère grégaire de la saison morte.

On reconnaît souvent l'été de Lemieux à un champ en jachère parsemé de fleurs sauvages, blanches, roses, mauves. Voyez, par exemple, *L'été canadien, La prairie* ou encore *Paysage avec deux personnages*: ce dernier tableau met l'accent sur une activité estivale colorée et chargée de poésie: la cueillette de fleurs des champs par deux jeunes filles, l'une en robe rouge et l'autre en robe blanche, deux couleurs de l'été chez l'artiste. *Ciel gris* propose une femme tout en blanc, chapeau y compris, avec un enfant également en blanc à sa droite, dans un champ couvert des fleurs préférées de Lemieux, près d'un chemin de terre qui mène vers une forêt. L'été est la saison poétique de reprise de contact avec le réel, celle des retrouvailles apaisantes avec la terre-mère.

Parce que c'est une saison terrienne dans l'imaginaire de Lemieux, l'horizon d'été est souvent haut dans le tableau et enveloppe les figures, comme dans *Paysage avec deux personnages.* Ce fond terrestre est maternel et rassurant pour le picturateur. Dans *Le champ de trèfles,* la figure principale, qui se découpe sur un décor analogue, paysage égayé de fleurs mauves proches des salicaires, l'horizon passant au-dessus de sa tête, est une jeune femme métissée, aux traits ethniques marqués (indiens ou inuit): elle tient un bouquet de fleurs sauvages à la main gauche et porte une robe blanche décolletée en V et du rouge aux lèvres. L'été permet au peintre de replanter l'humain dans la nature. Par comparaison, l'horizon d'hiver, puisqu'il est eau gelée, est tout sauf enveloppant, à quelques exceptions près.

L'été, tableau de 1959, nous suggère que c'est aussi la saison de la coquetterie féminine: une jeune fille, avec un ruban dans sa chevelure noire, porte une robe d'un rouge vif à manches longues et fermée au cou. Elle affiche le rouge à lèvres fétichiste de Lemieux, dans une plaine où elle est, comme bien des personnages estivaux, à contre-jour, sous une lumière qui provient de son arrière gauche. Comme dans tous les portraits de ce genre, on peut décoder une certaine angoisse qui ronge la figure, mais ce corps incarne aussi par la couleur vive de son vêtement et de son maquillage ainsi que par le ruban fantaisiste qui prolonge l'enfance, une forme de coquetterie. L'été est donc bien la saison de l'affirmation charnelle et de la redécouverte du corps: on le dénude ou on l'habille pour le mettre davantage en évidence. Le désir peut à nouveau s'animer et investir le monde.

Quelques scènes d'été s'associent à l'eau, dont bien sûr la situation de plage, de pique-nique ou de baignade. *Une journée à la campagne* offre une image rare, dans un format résolument horizontal (huit fois plus large que haut): un personnage à gauche est immergé dans l'eau jusqu'à mi-corps. Derrière lui, un rivage constitué d'îlots boisés et de champs, un petit chalet et quelques bâtiments ruraux blancs ainsi que des terres cultivées. Le bord du rivage se réfléchit dans le miroir de l'eau calme. L'été offre la joie de s'impliquer dans le paysage, de faire corps avec lui. Une fois n'est pas coutume. Cette saison dispense les bonheurs de l'activité de plein air, la joie de manger dehors, par exemple, dans une nature apprivoisée (*Pique-nique, La fête au couvent, Country Club*). Et tout naturellement pour le peintre, elle connote la plus grande nudité érotique possible: tous ses nus apparaissent dans un décor estival et en extérieur (il n'y a pas de nus intimes dans des scènes d'intérieur): voir, par exemple, *Le grand nu, Après-midi d'été.*

L'été doit sa dimension maternelle à l'enfance. Comme l'hiver, l'été regorge de nostalgie et s'inscrit dans une époque antérieure, l'été de Lemieux étant, plus explicitement que l'hiver, souvent l'été d'antan. Les exemples les plus connus de toiles consacrées à l'été de l'enfance sont *1910 Remembered* et *L'été 1914.* Cette dernière se situe dans le parc de Kent House près des chutes Montmorency. Un enfant, Lemieux lui-même à dix ans, à gauche de la scène, est endimanché et se distingue avec son chapeau de paille rond et une étroite cravate rouge sur une chemise blanche; à droite, sa sœur, avec son chapeau rond, son foulard jaune, son chemisier blanc et sa jupe noire. Figure centrale au deuxième plan, la mère des deux enfants est vue de dos: tout en blanc, elle s'appuie sur son ombrelle fermée et arbore son chapeau à fleurs (dont nous reparlerons). La famille est réunie, sans le père, mais l'insouciance semble régner.

Si l'hiver est la saison du gris et du noir, l'été, lui, est celle où éclatent les couleurs, même si celles-ci restent généralement tristes avec leur dominante de tons verdâtres, de jaune sale, de rose vieilli et de mauve sombre. Sur un fond d'herbes folles et de fleurs, apparaît ainsi fréquemment un personnage vêtu de rouge, couleur de la sensualité, de la jeunesse et de la liberté. Dans *Les deux cavaliers*, le petit garçon à cheval, au premier plan, porte un tee-shirt cramoisi: il est à contre-jour, éclairage estival, rappelons-le, que Lemieux privilégie (c'est ici le symbole d'une mort traversée et d'une vie retrouvée), la lumière provenant du fond supérieur du tableau. Dans *Vent de mer*, sur une plage, le seul adolescent mâle au milieu d'un groupe dominant de trois femmes porte un maillot rouge.

L'été a aussi ses dimensions exotiques pour le peintre du septentrion. *Californie* (1958) représente le désert, ses effusions coloristes, ses jaunes et ses ocres vifs, avec quelques bâtiments suggérés sur une ligne au pied des montagnes et un ciel rosé qui emprunte sa teinte au sable. L'été, s'il devient éternel, ce peut être enfin le contraire de la joie et des festivités discrètes qui normalement s'y relient: ainsi de l'ennui que distille *La Floride.*

Les saisons: le printemps et l'automne

Les saisons intermédiaires, généralement si brèves au Canada, ont bénéficié de quelque attention de la part du peintre, mais beaucoup moins que l'hiver et l'été. D'ailleurs elles ne se différencient guère de l'hiver, saison dominante ici. *La chasse d'octobre* ou celle de *Novembre* se passent dans un paysage déjà enneigé, ainsi que *Mars* qui conserve son manteau blanc comme en janvier. D'où l'ironie de cette toile de *Solstice d'hiver* qui devrait marquer un début de saison, mais qui plante un personnage cerné de neige au cœur même de l'hiver. Le printemps tardif se représente à l'occasion à travers les semailles et les grands prés fleuris, mais ces grandes étendues printanières se démarquent peu en fait des grands espaces hivernaux. Cependant le tableau *Printemps* offre une situation rare chez Lemieux: une vraie saison bourgeonnante.

Une mère en noir et sa fillette en blanc marchent près d'un petit pavillon au sein d'une nature en fête, au milieu des pommiers en fleurs, dans une orgie de vert, de rose, de bleu, de jaune, de rouge. C'est une belle fête terrienne présidée par la figure maternelle.

Ce qui distingue ces saisons intermédiaires, c'est parfois la présence, bien sûr négative, de l'eau. Voyez *Course de novembre à Blue Bonnets* (1962), où sept chevaux peinent sur une piste boueuse alors qu'une couche de neige couvre le terre-plein du centre et la bande extérieure du champ de course.

Les moments du jour

La journée picturale de Lemieux semble commencer tard, à midi, comme quelques titres de toiles suffiraient à l'indiquer, dont son célèbre et évocateur *Train de midi,* dont *Soleil de midi,* ou encore *Le déjeuner.* Il n'aime ni l'aube ni le matin. Et cette brève journée, avec son peu de lumière, sa luminosité éteinte et grise, le sollicite au maximum. La grande majorité de ses tableaux représente des scènes diurnes, même si ce jour est souvent tamisé, voire sombre. Lemieux a consacré, dans son œuvre, plus de place au jour qu'à la nuit, comme pour l'étirer davantage, ou faire bénéficier aux figures des clartés de la représentation.

Mais le plus souvent on a plutôt l'impression qu'il exténue volontairement l'éclat de son plein jour pour le rapprocher de quelque nuit perpétuelle. Voyez celui, exemplaire, de *Julie et l'univers* où le soleil d'une après-midi d'hiver, qui ressemble étrangement à une *Après-midi d'été,* est noyé dans une grisaille impressionniste: c'est là encore une lumière privilégiée de Lemieux, que ce soit dans ses paysages hivernaux, comme *Le temps d'hiver* ou *Janvier à Québec*, ou au cœur de l'été quand son «Soleil sur la ville» (comme dit un titre), tel celui de *L'été à Montréal* (1958), se perd également dans un ciel diffus, ou encore dans *Bruine* (1957) où tout est flou sous la grisaille (sur un horizon, une ligne signale une rue et des taches floues, les maisons).

Parce qu'elles sont plus rares, les scènes de nuit prennent une importance accrue. Nombreuses pourtant sont ses toiles qui décrivent ce moment sensible du crépuscule où la pleine clarté cède la place à la progression des ténèbres. Voyez *À la brunante* (1976), où l'artiste se ravit du contre-jour: une bande de sable, au premier plan, conduit à un champ fleuri sombre, puis mène à de petites collines qui se découpent sur la lueur du fond, le ciel étant ainsi réduit, comme la lumière qui faiblit à la fin du jour, à un minuscule septième du tableau. *Crépuscule* (1962) montre une étendue de fleurs sauvages et, sur l'horizon haut, se dessinent deux silhouettes humaines presque transparentes. Avec *Tombée du jour* (1964), apparaît de nouveau un pré fleuri, à l'orée d'une forêt avec un éclairage bas qui décline dans une tonalité de marron, le ciel se ramenant au dernier cinquième de la toile. *Voyage vers la nuit* (1963) représente une jeep, phares allumés, se dirigeant vers nous, à contre-jour, sur une route courbée, déserte et sans balises, sous la pluie. Disons-le d'emblée: le crépuscule a une teinte manifestement terrienne chez Lemieux. S'y conjuguent dans une sorte d'apothéose, la vie et la mort.

Le peintre prétendait détester les couchers de soleil, en particulier parce qu'ils peuvent facilement s'imprégner de sentimentalisme stéréotypé. Mais il en a pourtant représenté d'uniques, depuis *Charlevoix* (1935) et *Enterrement* jusqu'au *Grand nu* (1966). Ces moments sont chez lui enveloppés de pudeur et de recueillement, suggérés qu'ils sont par une technique, celle du sfumato, qui rend les contours flous et semble sans équivalent dans la peinture canadienne.

La nuit, quant à elle, s'investit bien sûr de significations funèbres. Dans *Le visiteur du soir*, c'est la mort que le peintre dit avoir représentée sous la forme d'un prêtre sans visage qui apporte le viatique à quelque moribond. La nuit est ce qui passe, alors que le jour est ce qui dure. La nuit est le moment du passé composé, alors que le jour est celui de l'imparfait, reprise inlassable du même dans la répétition des gestes du quotidien: la scène diurne introduit ainsi l'itératif dans le récit imagier, alors que le nocturne lui permet de décrire le repos, le temps mort.

La lune

La pleine lune a souvent attiré Lemieux pour les dimensions temporelles qu'il lui attribue et ses effets de lumière froide. Parfois elle a la particularité de subtilement rapprocher l'été de l'hiver, comme pour éterniser la persistance de la saison morte. Voyez *Pleine lune* (1966) par exemple: un paysage estival, discernable par ses zones de végétation, s'assimile à quelque scène hivernale dans une sorte de flou gris verdâtre.

Cependant, la plupart du temps, la lune, selon qu'elle éclaire le sol herbeux, ainsi que dans *Nuit d'été* par exemple, ou la neige, comme dans *Orion*, ne produit pas le même effet: en hiver, il est cru et expressionniste; en été, il est plus impressionniste et a tendance à fondre le ciel et la terre en une espèce de continuité. *Nuit d'été* (1962) montre une fillette en robe rouge décolletée dans un espace éclairé par la lune et qui est une grande étendue blanche, avec quelques taches foncées pour signaler arbres et bosquets. Dans *Le grand nu* (1966), même climat surréaliste: figure, sol et firmament, tout semble uniforme et enveloppé dans un sfumato impressionniste.

Pour ses nuits d'hiver, Lemieux départage d'une manière plus découpée le ciel noir du sol très blanc. Un exemple saisissant en est *La maison de Luzina,* estampe de la série *La petite poule d'eau,* où les ténèbres célestes occupent quatre-vingt-dix pour cent du tableau et où la bande terrienne enneigée tout au bas de la toile est fortement illuminée par la lune: les toits des trois bâtiments isolés sont couverts de neige resplendissante comme le reste du paysage au sol. Cet espace blanc brille sur un grand fond de néant.

> Les hivers semblaient devenir de plus en plus rudes à la Petite Poule d'eau. [...] L'habitation des Tousignant, avec ses murs épais, sa forme longue plutôt que haute, ses fenêtres petites et près du sol, était la première maison que le vent du nord-ouest depuis le Pôle trouvait sur son passage. Il s'y acharnait comme s'il lui eût fallu absolument faire un exemple de cette avancée de colonisation qui, s'il la laissait intacte, aurait demain du renfort, des moyens plus grands de résistance. (G. Roy, 159)

Là où la romancière insiste sur le vent qui accable, le peintre préfère exploiter l'effet écrasant de l'éclairage lunaire de l'hiver.

La lune s'associe encore parfois, pour Lemieux, à la femme, en une sorte de symbole anthropologique immémorial. Dans *Les mille Ave*, estampe de la série *Maria Chapdelaine*, une vision rare de la lune nous la montre qui éclaire, par une fenêtre, le personnage de Maria assise, recueillie et priante.

En bon amateur de nuits, Jean Paul Lemieux aime également camper une silhouette sur fond de voie lactée, surtout l'été, comme dans *Sylvain et les étoiles* ou dans *L'énigme*, en un surprenant effet de contre-nuit. Dans les deux cas, la figure d'un jeune homme se dessine au premier plan et en contre-plongée sur une imposante voûte étoilée. Parfois, en une synthèse éblouissante, il combine le ciel scintillant, la neige et les reflets lunaires, pour parvenir à des réussites esthétiques d'une grande force, comme *Orion*. Une fillette couverte d'un haut chapeau de fourrure se découpe nettement sur un fond expressionniste de neige et de forêt noire, bien à l'écart d'un petit hameau crayonné sur l'horizon, le tout dominé par un ciel étoilé grandiose.

Et pourtant, Lemieux disait travailler uniquement à la lumière du jour et ne pas pouvoir peindre le soir ou la nuit... Ce qui confirmerait, si besoin en était, qu'il ne peignait que de mémoire.

Les distances

Pour Lemieux, le temps est également perceptible dans la sensation visuelle des grandes distances qu'il excelle à rendre: il faut du temps pour aller d'ici vers là-bas, d'un point à l'autre dans l'espace intrinsèque du tableau. Lemieux est le peintre des grandes lenteurs: non seulement travaillait-il lentement, avec soins et repentirs, par périodes de quatre à cinq mois sur un seul tableau, quand ce n'était pas un ou deux ans (Carani, 122), mais il a aussi accompli la prouesse de représenter cette grande patience temporelle en peinture, en traduisant le temps, dans tout son calme, dans toute sa longueur, dans tout son ennui aussi parfois, en termes de distance.

Quand le peintre positionne, par exemple, une figure au premier plan avec un immense espace derrière elle, au bout duquel on peut souvent distinguer un bâti dans le lointain, il suggère la durée: on devine que le personnage, qui est à pied, a dû mettre des heures de marche pour parvenir où il est. Il pourrait dire: «Longtemps, j'ai marché pour arriver jusqu'ici.» Nous sommes indirectement convoqués à évaluer ces itinéraires inscrits dans l'espace même du tableau, en reconstituant rétrospectivement le devenir du mouvement, en déduisant la durée du déplacement à partir d'un rapport établi entre un proche désert, où la figure se trouve presque toujours, et un lointain habité, d'où elle vient sans nul doute, et où elle devra retourner.

À travers le thème du voyage, qui l'a largement sollicité, Lemieux mesure encore les distances et le temps qu'il faut pour franchir un espace. Qui dit voyage chez Lemieux, dit durée appréciable. Avec *Le long voyage*, il parvient à suggérer cette dimension durative autrement que par le code typographique: par un train qui s'étire au bord d'une rivière gelée dans le lointain. Puisqu'on n'utilise guère ce moyen de transport pour de courtes distances au Canada, il implique donc plus ou moins l'idée d'un périple important et il témoigne de cette durée. Ou encore, Lemieux situera le déplacement de ses figures par rapport au moment de la journée: ainsi *Voyage dans la nuit* (1963) propose un véhicule fantomatique circulant sur une route déserte et nocturne. Dans *Voyage au bout du temps* (1973), la temporalisation est explicitement associée au déplacement: le peintre la rend d'une manière inusitée, comme l'ascension pénible et répétitive d'un chemin sinueux vers le sommet d'une montagne, lequel sommet coïncide avec la stratosphère terrestre: remontée des profondeurs psychiques de la vie antérieure vers l'actuel. Ainsi le chemin, le rail ou la route deviennent alors ici des métaphores temporelles.

L'âge

Le temps, c'est encore évidemment celui qui s'inscrit dans le corps et qui ne nous en montre que trop le caractère périssable. «J'aime peindre les vieilles gens», dit Lemieux dans un entretien de 1967. «J'admire depuis longtemps l'art d'Ivan Albright, ce peintre américain contemporain qui déforme ses personnages et nous les représente partiellement décomposés. Mais je n'aime pas cependant son côté morbide et mes vieux personnages ne sont que vieux et marqués par la vie.» L'âge dit certes, chez Lemieux, la réduction du corps, mais non le handicap ou le grabat. Ses vieillards sont en santé et sereins, au pire résignés, ce pourquoi le temps est plus ici *memento vivere* que *memento mori*.

L'âge a ses figures des deux sexes. Mais la femme semble toutefois représentée, davantage que l'homme, pour le poids temporel qui pèse sur ses épaules et en même temps pour la tendresse qui se dégage de cette accumulation d'années. Voilà une autre image de la mère sans doute, mais de la bonne mère qui a engrangé l'expérience et est comme la tardive fleur de la maturation. Voyez *La vieille dame souriante*, par exemple, laquelle n'est là que pour son âge et le halo de douceur et de fragilité qui l'entoure.

Malgré cet intérêt pour le corps âgé, Lemieux ne s'éloigne guère en général des valeurs centrales de la modernité: la jeunesse et la vitalité, mais sans le jeu de la séduction et sans la frénésie du travail. La plupart de ses portraits sont ceux de corps jeunes et oisifs, espoir et renouveau: adolescents ou enfants simplement assis ou debout et qui nous regardent. Ce sont ses personnages les plus intrigants. Ils sont plus souvent représentés individuellement qu'en groupe. Ainsi dans *L'été*, *Le chandail rouge*, *L'anse sauvage*. Voyez encore *Fillette*, *Petit garçon*, *Jeune Anglais*, *Promenade*, *Ti-Gus*, *Portrait de Claude*, *Portrait de Gabriel*, *Portrait d'Anne*, *Samuel*, *Nicolas*, *François*, *Axel*, etc. Comme on le voit, la plupart de ces jeunes ont droit à un prénom, signe d'individualisation accrue, alors que la progression en âge renvoie plutôt à l'indifférenciation, les vieux de Lemieux n'ayant pas droit au nom propre. Et effectivement chacun de ces portraits de jeunes campe une attitude spécifique à valeur individualisante: on aura, chez Gabriel, la perplexité, l'hébétude d'un abîmé dans la solitude; chez Claude, l'assurance juvénile; chez Samuel, une élégance masculine modiglianesque; avec le jeune Anglais, un petit air sadique; chez François, la quiétude, alors que le gamin de *Promenade* incarne l'inquiétude.

Lemieux aimera encore, d'une manière un peu artificielle, suivre le processus du vieillissement à travers les différents stades de la vie d'un être. *Amélie et le temps* (1965) ou *Les Parques* (1962) décrivent un tel processus: dans chaque cas, on voit, au sein du même tableau, un personnage dont on retrace l'évolution biologique dans le temps, de son enfance à sa vieillesse. Dans *Les Parques*, notamment, il décline une même figure féminine à trois stades de sa vie: à gauche, en jeune fille aux cheveux longs avec un ruban et une robe blanche, au centre à l'âge de la maturité en robe rouge décolletée et collier de perles, à droite, à l'âge d'or, épaules courbées, teint foncé. Un gros fil relie les trois figures, les doigts du personnage central le tenant ostensiblement, alors que la main de la vieille s'apprête à le couper avec des ciseaux. Voilà encore une autre tentative de Lemieux de représenter le temps à travers la métaphore ancienne de la maturation biologique.

Cette conscience temporelle et cette volonté de transposer le temps dans l'espace pictural sont résumées dans *Portrait de l'artiste* (1974), qui est son autoportrait, mais aussi son testament artistique: il consiste en la reprise de sa propre évolution personnelle. On y voit Lemieux vieillard au premier plan (dans le présent de la toile, il avait soixante-dix ans), tandis qu'au deuxième plan, il se représente lorsqu'il était enfant et à l'arrière-plan, adolescent. Au mur, deux de ses toiles importantes, *Le visiteur du soir*, *Le cavalier dans la neige*, deux symboles immémoriaux de la mort: figurer ainsi cette angoisse viscérale du temps revient d'une certaine manière, par la conscience et par la maîtrise picturale, à la dépasser. Une menace, lorsqu'elle est embrassée par le regard, est aussitôt minimisée, en partie exorcisée.

DEUXIÈME PARTIE

LE CORPS ET LA RELATION À L'AUTRE

7
Le corps

L'importance de la figure humaine

«Dessiner la figure humaine, en extérioriser tout le drame et le pathos, et accentuer davantage la condition de l'homme dans cet âge sombre où la matière l'écrase», tel est, selon ses propres mots, le programme humaniste du peintre Jean Paul Lemieux, et qu'il a lui-même résumé sous forme de règle: «Il doit y avoir un côté humain dans la peinture.» (*Le Devoir*, à Lyse Nantais, 23 janvier 1961) Retraçant encore son évolution, l'artiste a pu la présenter ainsi simplifiée: «Ce furent les paysages, puis l'arrivée des personnages et enfin les personnages eux-mêmes.» (Biron, 310)

Ces diverses formules reviennent à dire que la figure humaine constitue le centre critique de son art. Elle y est l'objet d'un méticuleux travail de reconfiguration qui inscrit cette œuvre dans les grands courants des préoccupations modernes en littérature et en arts.

Ici les corps apparaissent, le plus souvent, en une pose maladroite venue du code photographique d'antan: personnages debout en position frontale, seuls ou en groupe, toujours immobiles, fixant l'objectif droit devant eux, sans sourire, les bras ballants, engoncés dans des vêtements stricts. Leur côté gourd, si attendrissant, reflète leur manque de maîtrise du corps. Leurs attitudes semblent leur être imposées de l'extérieur à des fins pictographiques et leur corps ne pas leur appartenir complètement. Ce que ces personnages communiquent, à travers ce langage silencieux, c'est leur soumission, leur bonté, leur malléabilité, au fil d'une vie de sacrifices où la liberté est extrêmement limitée.

Décoder cette inscription corporelle, c'est assurément mieux pénétrer encore dans l'univers de Lemieux.

En tant que construction picturale, le corps se livre selon plusieurs points de vue. On retiendra trois axes de perception: d'abord, relevant d'un code postural, les positions du corps représenté; ensuite d'un code morphologique, le rapport de ce corps au cadre du tableau; enfin d'un code photographique, son degré d'éloignement ou de proximité par rapport au picturataire, tel que ce degré peut s'observer dans les portraits.

Le code postural

1. Les assis — La démographie de Lemieux se divise essentiellement en assis et en debout. Il n'y a guère de personnages couchés, si l'on excepte la figure féminine d'*Alberta*, dans l'album *Canada/Canada*, ou le Christ affaissé dans *Le témoin*.

La position assise peut parfois être active: ainsi le fait de monter à cheval, de mener une barque, ou même de conduire une voiture; mais, dans ce cas, être assis équivaut à être debout et s'associe tout naturellement à un événement (l'arrivée de *Mademoiselle Côté*, par exemple), à l'inquiétude aquatique ou aux angoisses modernes (*En automobile*). Que fait-on d'autre assis chez Lemieux? On joue du piano (*Le tapis rouge*), on donne une *Leçon* à son enfant, on prie (*Maria Chapdelaine*), on mange (*La fête au couvent, Les noces de juin, Le dessert, Country Club*), ou on médite sur sa solitude dans une chambre vide devant une fenêtre, en traversant un drame pathétique (*La solitude*, un des tableaux les plus poignants du peintre).

Mais, en général, les places assises, chez Lemieux, sont réservées seulement aux bébés (*Album de famille, Un âge va, un âge vient*), aux mères avec enfant (*La Nouvelle France*) ou encore aux vieux (*Les Parques, Les noces d'or*), voire aux morts (ainsi les squelettes surréalistes figés sur des chaises pour l'éternité, dans une chambre d'hôtel de la série *Erikson*). Entre les deux, entre la naissance et la mort, on ne bouge pas beaucoup, mais on est surtout debout.

Pourtant, Lemieux a dessiné d'attachants adolescents sur banquette, comme *Portrait de Claude*, ou représenté des accroupis expressifs comme dans *Pique-nique* ou *Plage américaine*. Être assis cependant, c'est généralement vivre, chez lui, une intolérable lourdeur de l'être, une inconcevable inertie et, inévitablement, à un moment ou l'autre, sombrer dans quelque état déprimé (*Les noces de juin*), s'avachir dans le sommeil le plus abruti (voir, notamment, la réunion du *Conseil de village* et certains fidèles dans l'église de *Lazare*) ou, par une espèce de démangeaison du postérieur, tomber dans le ridicule le plus simiesque (*The Birds I Have Known*). C'est donc plutôt la station debout qui sera sous les phares nobles de la représentation, plus souvent que les autres. Ainsi Lemieux inverse l'ancienne hiérarchie des stations: dans les portraits de groupe, les figures de grand prestige, telles que les royautés ou Dieu, avaient le privilège d'être assises l'entourage devant être respectueusement, et inconfortablement, debout (ou agenouillé): les courtisans, les anges, les épigones. Dans l'univers de Lemieux, c'est le contraire: la position assise est dévaluée par rapport à son opposée.

2. *Le corps debout* — Si le corps privilégié de Lemieux est avant tout le corps debout, il y a cependant plusieurs manières d'être debout (puisque même les vaches de *Far West* sont toutes sur leurs pattes). Les figures humaines se mettent parfois au garde-à-vous, crispées dans une pose musculaire énergique empreinte de rectitude et d'obéissance. Il peut arriver encore que les personnages écartent les jambes d'une manière décidée pour afficher leur assurance (ainsi dans son *Autoportrait*). Mais en général, ils reposent plutôt sur une seule jambe, ce qui crée toujours, plus ou moins, une légère inclinaison latérale du corps. Voyez, par exemple, *Le parasol noir, Le grand nu, L'apôtre.* Parfois, un bras s'écarte du tronc, comme s'il tenait quelque chose, et accentue l'effet de latéralisation: ainsi dans *Jeune Anglais* notamment. Toutes les catégories de personnages connaissent cette posture du corps érectile reposant sur une jambe, que ce soit le père d'*Une famille*, l'homme de *L'hiver, La sœur blanche, Le petit Arlequin, Mon oncle Victorin*, la jeune fille de *L'été*, voire les deux religieuses individualistes du premier plan dans *Les Ursulines*, l'une s'inclinant vers la gauche du spectateur,

l'autre à droite. Même le cheval penche latéralement dans *Les deux cavaliers.*

La station debout est paradoxalement instable et critique, puisqu'elle est inconfortable à long terme: c'est une position d'éveil, de dépense, de fatigue, de marche ou de situation précaire, mais aussi de vexation (n'oublions pas que c'était naguère la punition classique dans les écoles: debout dans un coin). On pourrait se demander pourquoi toute une tradition picturale et photographique s'acharne ainsi à figer des personnages dans le malaise, pour l'éternité. Il y a bien, là encore, tout un pan de moralité qui s'y dit: on peut imaginer un regard renouvelé sur l'histoire de l'art qui examinerait à quelle «vision subtile» se rattachent de telles représentations. En ce sens, Lemieux appartiendrait à un filon historique opposé à celui de la peinture «assise» ou «couchée» (lequel irait peut-être au moins de Michel-Ange à Ingres). La peinture «debout» serait, en gros, celle du devoir et de la discipline. Chez Lemieux, cette station établit une interlocution directe avec nous: faire se tenir debout un personnage suppose sans doute qu'on s'imagine le picturataire à égalité et donc debout lui aussi (ce qui est vrai pour le spectateur réel dans les musées). On peut y reconnaître la trace d'un code de politesse transposé dans l'art: l'étiquette de l'époque de Lemieux enjoignait aux hommes de se lever pour marquer le respect de la position sociale (quand une dame arrive, quand on présente quelqu'un, etc.), la station assise contenant une potentialité d'insolence. Plus largement, on peut rêver d'une nouvelle discipline, la *po-éthique* qui, en puisant dans la sémiotique des passions d'un Greimas, étudierait les *pathèmes* (disons: les unités passionnelles) en art et en littérature. Il nous manque une analyse pathémique de la peinture.

Ici, l'inclinaison latérale du buste et du visage n'est pas une position neutre. Elle indique une tonalité affective. «L'inclinaison latérale de la tête et du buste connote, pour nos sociétés, une attitude d'écoute, de disponibilité franche.» (Le Breton, *Des visages,* 153) Depuis la Renaissance, la peinture européenne a été sensible au pouvoir expressif de la flexion latérale de la tête: par exemple, les vierges à l'enfant adoptent cette attitude, par opposition aux figures d'autorité qui, elles, redressent la tête. Lemieux se montre ainsi très attentif au langage silencieux du corps. Cette attention fait naturellement partie de sa «vision subtile» du monde. De sorte que le peintre incite l'observateur à élaborer une critique corporelle, comme celle qu'on a commencé à faire en critique d'art, sous le nom de «body criticism» (voir le passionnant ouvrage de Barbara Stafford sur le XVIIIe siècle). Là encore, Lemieux défie la théorie de l'icône, selon laquelle la peinture ne peut représenter d'idées abstraites. À travers un simple mutisme, une immobilité signifiante, une modestie d'attitude, un minimalisme gestuel et relationnel, la peinture parvient à proposer toute une philosophie de vie. Elle suscite ainsi par l'image une véritable pensée plastique.

3. Le corps penché — Une *po-éthique* centrée sur le décodage corporel révélerait sans doute qu'il y a toujours, chez un artiste, une posture privilégiée qui reproduit, d'une manière obsessive, une station imaginaire archétypale. Chez Lemieux, cette position fétiche, c'est le corps de profil et penché en avant d'une manière emphatique.

Voilà une représentation dramatisée de la tenue debout, beaucoup plus expressive encore que l'inclinaison latérale. Ce corps exagérément fléchi est un corps éminemment actif. Le peintre convoque cette posture lorsqu'il veut représenter le mouvement. On voit les figures dans cette position favorite, quand elles sont en train de produire un effort physique, effort qui semble toujours aller d'ailleurs dans le même sens, puisqu'elles penchent très souvent vers la gauche du spectateur. Il y a donc, ici, dominante du profil gauche et valorisation de cette latéralité, mais aussi mise en évidence du côté gauche du tableau. C'est encore manifeste dans la fumée des locomotives, des maisons, des navires qui est, elle aussi, entraînée vers la gauche de la toile, le plus souvent. Cette «gauche» du canevas représente le lobe droit du cerveau artistique, en une inversion bien connue des psychologues: d'après ces derniers, la créativité réside dans l'hémisphère droit, lequel procède par visions globales, par synthèses, par intuitions, et saisit le monde dans son unité. La «gauche» du tableau, qui lui correspond, offre, dit Saint-Martin, «une organisation habituellement plus synthétique, moins articulée, qui se résout dans de plus petites régions et où les mouvements seraient ceux de masses lourdes et lentes.» (122) Ainsi le corps penché vers la gauche va vers une synthèse nouvelle des choses: il tend vers sa «totalité», laquelle est toujours «détotalisée», pour reprendre les termes de Sartre, ce qui la rend dynamique.

C'est sans doute ce que semblent nous dire, par exemple, le chasseur de la série *Maria Chapdelaine* qui affronte en raquette le vent glacial et la neige, ou le quidam qui défie l'orage dans *L'averse, fous de bassan*

(1980). On en reconnaît un écho plus quiet chez un autre chasseur hivernal, celui du *Manoir* (1966): on le voit pénétrer, de la droite vers la gauche, dans un jardin, près du même boisé qui, en saison estivale, accueille au banquet des *Noces de juin*, exactement à l'endroit où il met pied, un serviteur penché comme lui. Le corps incliné, c'est le corps en travail, que ce labeur soit de nature physique ou intellectuelle. Ce corps est aussi celui qui apparaît, par exemple, dans la cueillette des fleurs des champs (*Paysage avec deux personnages*). C'est encore celui de marcheurs énergiques (*Notre-Dame protégeant Québec*), celui de la vieille dans *Les promeneurs* (auquel s'oppose le corps cambré vers l'arrière de ses voisins de trottoir, posture militaire qui rappelle celle des figures de *Chacun sa nuit*), celui du lecteur dans la murale *Médecine à Québec* ou de la lectrice des *Ursulines.*

Cet effort physique ou intellectuel se mêle parfois à un effort moral, comme dans *Vent de mer* où une figure féminine très penchée en avant, vers la gauche, combat le souffle marin, mais aussi, probablement, une peine d'amour secrète, un désir déçu, quelque inavouable jalousie.

La posture inclinée devient un dispositif pathémique qui dit un difficile essai de dépassement de soi. Elle signale un destin en marche vers une transformation, vers un aboutissement ou une maturité. *Le voyage dans le temps* représente un jeune homme qui, parvenu au bout d'un long périple initiatique, se penche en dehors de la stratosphère, pour se soustraire au déterminisme de Chronos. Cette posture corporelle privilégiée semble ainsi renvoyer à l'effort essentiel (et ascensionnel) de l'humain dans sa quête incessante d'un au-delà du donné.

Remarquons, en passant, que cette position a des composantes pathémiques tout de même bien connues, que Lemieux reprend à son compte. Le chagrin se visualise en effet aussi par une tête penchée, signe reçu de peine et de résignation dans nos sociétés: voyez, par exemple, les deux premiers personnages recueillis de *Cortège funèbre.* L'inclinaison est également le signe stéréotypé d'une dégradation de l'âge: le corps qui a subi la fatigue des ans, tels les vieux de *Floride,* est courbé vers la terre où il retourne. Mais nous sommes dans un registre différent: la tête baissée n'a pas le même sémantisme que le corps en mouvement, tout entier incliné et tendu.

ZÈLE. Cette posture du corps penché vers l'avant concrétise encore une disposition morale comme le zèle: voyez celui des deux religieuses servantes dans *La fête au couvent,* l'empressement d'une autre sœur qui s'apprête à traverser l'espace des *Moniales* presque en volant, vers la gauche toujours, aussi bien que tel patineur aérien des *Patineurs du soir* qui défie les lois de la pesanteur.

Il semble que cette protension, parfois extrême, du torse visualise un état de conscience en acte, de conscience alerte et vive: on le retrouve, cet état, chez le petit être de *Solitude de l'homme,* subtilement absorbé dans son cogito au sein d'un espace immense; ou dans les jeux d'interactions qui insistent sur la fonction conative de la communication, tel ce prêtre dans *Lazare* qui prêche énergiquement, du haut de sa chaire, penché sur ses fidèles.

LE CORPS MATERNEL. Un rapprochement de plusieurs tableaux offre une clé interprétative de cette posture fétiche, dont le paradigme inattendu serait le corps de la Vierge Marie dans *L'Annonciation* et dans *Nativité*:

chaque fois, la figure sacrée de la mère divine s'incline vers l'ange ou vers son bébé (l'ange de Lemieux est pareillement toujours penché pour donner la bonne nouvelle: voir encore *Mon ange*).

Ce geste a aussi valeur protectrice, ainsi qu'il est évident chez la figure maternelle qui couve la ville de *Notre-Dame protégeant Québec.* C'est sans doute cette connotation maternelle que l'on peut encore voir auréoler le personnage de Marie-Madeleine, qui a beaucoup intéressé Lemieux, lorsqu'elle tient dans ses bras le Christ descendu de croix (*Le témoin*); ou quand, dans *Lazare,* avec sa sœur Marthe, elle assiste à la résurrection de son frère. Lemieux semble considérer la Vierge et les figures bibliques féminines comme des corps de nostalgie: le scénario catholique serait donc à déconstruire pour mieux laisser ressortir les éléments du picto-roman qui se cache derrière l'imagerie religieuse. On découvrirait peut-être que la Vierge ou la mère interdite est représentée en l'absence du père en une véritable réalisation œdipienne. Quoi qu'il en soit, l'inclinaison caractérise souvent la posture maternelle des figures nourricières, c'est-à-dire des serviteurs, mâles et femelles, qui se penchent, avec une égale prévenance, vers les autres. C'est donc une position altruiste de service, d'oblation, de don, de circulation des richesses.

La forme que ces corps rigides exagérément penchés en avant inscrivent dans la toile dessine nettement une diagonale (une diagonale dysharmonique, dirait Saint-Martin, qui traverse la toile de droite à gauche), c'est-à-dire la ligne de la médiation chez Lemieux: médiation entre la verticalité des valeurs masculines et l'horizontalité des féminines, entre le ciel et la terre, entre

Dieu et les hommes (comme la Vierge dans la mythologie catholique), entre les anges et les mortels, entre l'objet et le désir, mais aussi entre l'idéal de l'art et le reste. L'inclinaison est finalement vectrice de signification, elle pointe tout ce qui fait sens dans cet univers.

Le code morphologique

Ce qu'on appelle, ici, le code morphologique se rapporte à la localisation de la figure au sein de l'image. En contrepoint de ses plaines, Lemieux met des personnages debout en premier plan qui, ainsi entourés de l'immensité des fonds déserts, sont d'une présence singulière. Il s'est expliqué sommairement sur le sens qu'il donne à ces figures solitaires. «C'est l'isolement humain, dit-il. L'homme pris dans un isolement incompréhensible.» (Biron, 309) Ces personnages esseulés sont le plus souvent inactifs, les bras pendants et sidérés dans des attitudes hiératiques. Ce minimalisme sert la représentation de leur solitude et favorise aussi l'intériorité, la lucidité, le questionnement, le corps vertical étant celui de la conscience en éveil et de la concentration. Plus que quiconque, ces personnages savent ce qu'est l'insoutenable mobilité de l'être. Ils semblent avoir adopté comme devise le célèbre vers de Cummings: *Nothing can surpass the mystery of stillness.*

Inséré dans un tel décor dont il ne peut s'échapper, le personnage solitaire se présente souvent cadré à mi-corps ou en amorce et se tient sur un côté du paysage, à une extrémité de la toile. Ce positionnement «décadré», si fréquent dans le monde de Lemieux, produit des effets saisissants qui frappent au premier regard. Mais était-il nécessaire de «décadrer» aussi systématiquement ces personnages pour dire leur solitude? Que peut bien signifier ce choix esthétique? La tradition du cadrage nous a quelque peu habitués aux personnages d'avant-scène, tronqués aux genoux, à la ceinture ou aux épaules. L'art du portrait a abondamment employé ce type de cadrage depuis la Renaissance. Mais, chez Lemieux, les figures subissent non seulement ce découpage, mais aussi l'amputation verticale, qui déroute davantage l'œil. Le peintre va jusqu'à faire disparaître de moitié des visages, des corps, voire parfois une portion de la figure centrale de ses toiles (comme le père Noël).

Ces procédés donnent ce que le peintre appelle lui-même, tout simplement, la technique des «personnages coupés», qu'il dit avoir empruntée notamment au langage audio-visuel. Il semble qu'elle lui ait, tout autant que par le cinéma, été inspirée par les photos de l'album familial (images fondatrices, rappelons-le) et par les fréquentes erreurs de cadrage de la photographe amateur qu'était sa sœur. Une bavure photographique (un personnage mal cadré) devient ici un trait pictural original: ce qui était maladresse dans un mode d'expression artistique devient style dans un autre. Il y a, en effet, un langage hautement personnel qui pointe dans ces divers cadrages (ou «décadrages»). D'ailleurs Lemieux exploite parfois le contraire du «décadrage»: le tassement des figures au centre, comme pour en faire entrer le maximum dans l'objectif restreint d'un appareil photo. D'où, sur la toile, le vide stylisé et faussement naïf qu'il met en scène entre le groupe de personnages et le cadre. Le portrait de famille *Dans le temps* constitue le meilleur exemple de ce recadrage centripète.

Avec le «décadrage» et la technique des personnages coupés, le portrait, qu'il soit laïque ou religieux, modifie ses raisons d'être par la force des choses. Le portrait laïque perd ses motifs habituels qui sont le narcissisme, la vanité, l'orgueil, le pouvoir, l'individualisme triomphant. Le portrait religieux, lui, ne répond plus également à ses justifications canoniques: naguère réalisé à un âge avancé du modèle, voire d'une manière posthume, et en tous cas quand ce dernier avait vraiment fait ses preuves, le portrait religieux devait résumer une longue vie exemplaire, couronner un destin supérieur, dire une personnalité exceptionnelle et mémorable en reproduisant le plus fidèlement possible la physionomie célébrée. Or les portraits de Lemieux sont la plupart du temps très personnels: en plus de surprendre par leur mise en plan décadrée, ils représentent des effigies d'enfants ou d'adolescents qui n'ont rien accompli d'exceptionnel, et d'adultes modestes, ordinaires (le *vulgum pecus,* le paysan, l'homme de la rue, le curé de paroisse, le notaire de province, la servante, la religieuse anonyme, etc.).

Voyons d'un peu plus près les deux types de coupes que Lemieux fait subir aux figures humaines, l'horizontale et la verticale.

1. Coupe à l'horizontale — Sectionné à l'horizontale, le corps sans moitié inférieure n'est pas particulièrement original, à première vue, puisqu'il rejoint la tradition classique des portraits. Mais cette coupe se combine, ici, aux plans pour tenter de renouveler la figuration. Grâce à la coupe horizontale, Lemieux a donné des portraits bustiers surprenants qui, à la fois, exploitent le langage silencieux des membres corporels, mais aussi mettent l'accent sur le visage et ses traits expressifs. Ainsi, par moments, le peintre a senti le besoin de couper le haut des têtes: une portion de visage disparaît dont il ne reste de visibles que les yeux ou seulement la bouche ou un fragment d'expression sans détails physionomiques (voyez, par exemple, *Les grandes personnes*, 1960). Nous reviendrons sur cet aspect original, qui bouscule décisivement toute la tradition du portrait, lorsque nous aborderons les visages.

2. Les mains — Mais ce que la coupe horizontale du corps fait le plus ressortir avant tout, ici, c'est le langage silencieux des mains, langage qui s'articule à partir d'un rapport de la figure au bord sud du tableau. Le motif favori de Lemieux est celui des mains «coupées». La main n'a pas toujours subi un traitement identique chez lui et ce détail est révélateur de son évolution. Dans la période primitive du peintre, la main bénéficiait des faveurs d'une pleine représentation dans l'espace pictural. *Lazare* (1941), par exemple, est une véritable anthologie de mains et elles y sont les instruments par excellence de préhension du réel, elles y signifient un pouvoir d'intervention sur le monde. On y retrouve d'ailleurs, adaptées, les six célèbres fonctions de la communication de Jakobson. Il y a le doigt levé et métalinguistique du Christ, qui bénit et ressuscite le mort, auquel fait écho la main brandie du prêcheur, main conative qui tente de convaincre les fidèles d'une église bondée; il y a la main phatique, celle du contact que cherche à établir la main ouverte du ressuscité, tendue vers celle de sa sœur qui veut également l'atteindre; il y a les mains poétiques, les mains jointes, refermées sur elles-mêmes et qui prient; il y a encore la main expressive du fossoyeur, levée à hauteur d'épaules et aux doigts écartés d'étonnement; et enfin les mains référentielles, qui renvoient au réel: la main du fossoyeur crispée sur le manche de la pelle, celles meurtrières des soldats appuyant sur la gachette de leur fusil, etc.

Mais à l'inverse, au fur et à mesure de l'évolution de Lemieux, les mains disparaissent de ses portraits. Elles deviennent métaphoriquement coupées. Quand les figures de sa maturité ont les mains ainsi cachées, comme il arrive à plusieurs générations de personnages picturaux et littéraires au Québec, elles incarnent souvent l'impuissance, c'est-à-dire leur peu de pouvoir d'intervention sur leur propre condition ou sur le monde extérieur. On reconnaît cette image autant chez le peintre Antoine Plamondon, notamment dans un significatif autoportrait de 1882, que dans la poésie d'Anne Hébert, par exemple (où cette symbolique apparaît dans un contexte de révolte). Les personnages à mains coupées de Lemieux sont relativement passifs. Résignés, ils subissent plus ou moins leur sort. Ils ne semblent pas avoir le choix. C'est particulièrement vrai des figures d'enfants et d'adolescents, chez qui les mains ont rarement accès à la franche représentation (voir notamment *L'orpheline* ou *Le chandail rouge*). La main dérobée peut parfois signaler une pudeur, une offre plus ou moins ingénue: ainsi, chez les nus de Lemieux. Ce langage corporel peut encore révéler un type de relation de couples: dans *Port-au-Persil* (1950), on voit un ménage de commerçants où la femme affiche, bien en vue, ses deux mains croisées sur la table pendant que son mari est en retrait derrière elle, sans mains. On sait alors qui domine dans ce couple. Le langage des mains croisées renvoie à une certaine fermeture sur soi, mais aussi à la pleine possession de ses moyens: on les retrouve, par exemple, chez le pape ou chez les deux vieilles de *Portrait 1909*. Équivalentes des mains croisées, les mains cachées dans un manchon, leitmotiv féminin de Lemieux, connotent une sorte de maîtrise secrète, calme et magique de soi et du monde (*La promenade 1907*, estampe).

Le symbole des mains coupées s'associe aussi à une évidente résignation: c'est sans doute un des sens du *Visiteur du soir*, lequel a les mains enfouies dans les poches, non seulement parce qu'elles concrétisent le froid de l'espace environnant (sens platement obvie, les gestes visualisant les contraintes climatiques), mais aussi pour signifier son impuissance devant la mort.

L'étude que Lemieux a laissée pour *Les Ursulines* est encore plus révélatrice à cet égard. Dans cette première version, les mains des sept religieuses du tableau sont toutes camouflées sans exception, y compris celles qui tiennent un livre (lequel donne l'impression de reposer tout seul dans les airs contre la poitrine de la sœur). Les religieuses ont abdiqué l'usage de leurs mains ainsi que leur libre arbitre et leur capacité d'intervenir dans leur destin. De même, aucune n'a droit à un visage. La version finale du même tableau offre un langage gestuel fort différent: là, quatre religieuses sur six montrent l'une de leurs mains, tandis que deux, en interlocution à l'avant-plan, ont acquis l'individualité d'un visage, ce qui crée une dynamique incomparable, toute d'émancipation, dans le tableau. Dans ce raccourci, se trouve condensée la crise importante que le peintre traverse dans les années 1950 et qui marque le début de sa radicale évolution.

3. Coupe à la verticale — Là où le «décadrage» offre des effets beaucoup plus spectaculaires dans l'art du portrait, c'est lorsqu'il opère une coupe verticale du corps, de la tête aux pieds. La figure est alors représentée en amorce, de face ou de profil.

De face, comme dans *Les appartements Stanford,* une moitié gauche ou droite du devant du corps est visible, l'autre étant hors cadre. Vu de profil, le corps, en plus de déjà faire forcément disparaître tout un côté, ne montre alors souvent qu'une moitié avant ou arrière: soit son devant, comme pour le père dans *1910 Remembered,* soit plus rarement le dos, tels le cavalier et son cheval dans *Le lac de la Grande Poule d'eau.* Dans ses grandes œuvres, Lemieux ajuste méticuleusement ses figures pour qu'elles débordent de trois côtés: du bas, de la tête, ainsi que de gauche ou de droite. Voyez *Julie ou l'univers,* par exemple: le personnage est tellement important aux yeux du peintre qu'il ne peut être contenu par le cadre et qu'il dépasse de partout.

Le plus saisissant «décadrage» est *1910 Remembered,* où les profils coupés du père et de la mère réencadrent leur enfant central, dont on ne voit que le visage et les épaules. Dans *Le couple,* les deux figures sont si près du bord du canevas qu'on a dû, pour l'encadrement, laisser un jeu entre le cadre et la toile, de manière à ne pas empiéter sur la figure.

Ce décentrement et l'exploitation du hors-cadre s'associent aux thèmes, importants chez Lemieux, de la fragilité et de la réserve. Timide, farouche, le personnage n'ose se montrer, dirait-on, et cherche à se replier dans un coin du tableau, pour trouver protection. Non pas qu'il soit sur un pied d'alerte, prêt à fuir, aucun danger apparent ne le menaçant, mais il ne s'impose pas. Sa qualité essentielle est la discrétion. Sous le plein feu des regards, il hésite à s'aventurer. Il s'appuie sur le bord du cadre, à moitié en dehors de l'image, comme attendant qu'on l'invite à s'approcher, à moins que ce ne soit pour protéger sa secrète intimité. Puisque dans l'aire ouverte du tableau règnent l'impudeur et la gêne (on le voit à l'aspect gourd des personnages qui y sont pleinement représentés), le champ hors du cadre devient un havre de sécurité. Le fait de se cacher pourrait pointer de mauvaises intentions possibles, mais ce n'est absolument pas le cas ici. Aucune sournoiserie n'anime les figures: leur regard n'a rien de redoutable, de vicieux ou d'insolent. Caractérisée par une extrême pudeur, leur délicate présence laisse transpirer une aura de douceur, en même temps qu'un sentiment de fragilité. Lemieux exploite abondamment, d'ailleurs, dans toute son œuvre, trois variantes de cette fragilité: le nu, la vieillesse et l'enfant.

Le «décadrage» révèle surtout le caractère foncièrement exhibitionniste, pour Lemieux, de la pleine représentation. Ses figures ne consentent à s'exposer sur cette scène qu'à moitié et avec beaucoup de réticence. Tout se passe comme si l'essentiel de leur être se réfugiait en dehors du tableau: la scène imagière de la toile est un espace surcodé et complexe où elles ne peuvent pas s'ébattre librement. C'est une zone surveillée. Mais leur discrète arrivée suffit à susciter d'emblée les questions les plus importantes: qu'est cet humain, que fait-il là, où va-t-il, que signifie sa présence à cet endroit et dans l'univers?

Le «décadrage» est aussi la marque spécifique qui signe le travail du peintre sur le corps de la peinture: la peinture y est à la fois une fiction productrice d'effets de corps réels ainsi que travail d'épure et d'insertion géométrique de la figure dans les structures formelles de la composition. À un moment où l'art international était esthétiquement habité par une profonde division entre la figuration et l'abstraction, l'art de Lemieux effectue un lien entre l'ancien et le contemporain. Il dépasse cette dualité en alliant des contenus figuratifs métaphoriques, un expressionnisme transcendantal à la manière des œuvres abstraites et des schémas géométriques dans le sillage de Cézanne (Carani, 107, 110ss, 133). La peinture actuelle, dit Lemieux, est «tourmentée, inquiète, cherche des formules nouvelles, comme l'humanité contemporaine; elle ne peut pas aller en arrière; elle est l'image d'une société qui s'effrite et de laquelle naîtra une nouvelle Renaissance, un nouveau monde» (cité par Robert, 44-45). L'œuvre de Lemieux nous en propose justement une vision, à travers une figuration renouvelée.

Le code photographique

Le code photographique touche aux techniques de plans: chez Lemieux, la figure apparaît soit en plan éloigné, soit en plan moyen, soit en gros plan, pour reprendre le vocabulaire du cinéma.

1. Plan éloigné — Le corps ne se livre pas seulement dans un rapport original au cadre, il apparaît dans une plus ou moins grande proximité par rapport au spectateur. Sous cet angle, nous n'aborderons, ici, que les figures solitaires, réservant les figures en relations pour un autre chapitre. Lorsque Lemieux présente ses personnages solitaires de très loin, on les perçoit à peine sous la forme de petites traces perdues dans une immense nature, quantités négligeables et fragiles, tel ce petit être abandonné dans un tiers désertique de *La solitude de l'homme*, tel encore ce fréquent cavalier fuyant sur de grandes étendues de neige et de glace comme dans *TransCanada*. La figure sert alors, plus que jamais, de soutien à un discours philosophique sur la place dérisoire de l'être humain dans l'univers. Bien d'autres peintres avant Lemieux, dira-t-on, ont abondamment traité ce thème: pensons à tel romantique allemand comme Friedrich, à tel symboliste suisse comme Hodler, avec lesquels on a pu le comparer. Mais on peut aussi voir combien il s'en distingue: chez les romantiques, l'humain est plus petit que la nature et il en subit parfois les violences et l'écrasement (mer déchaînée, tempête, foudre, etc.). Chez Lemieux, la relation de l'humain et de la nature n'est pas d'affrontement, mais de contiguïté harmonieuse. Le peintre donne volontiers à ses personnages une importance égale à celle du paysage, et c'est encore plus vrai quand il emploie le plan moyen ou rapproché. Là où les romantiques sont égocentriques, orgueilleux, dédaigneux, sombres, voire lugubres, les solitaires de Lemieux sont altruistes et modestes, ils incarnent une sagesse, ils inspirent la tendresse et la douceur, ils sont d'une réserve touchante qui appelle plus que ne distancie.

Le corps solitaire acquiert cependant sa pleine valeur humaine quand le peintre l'offre à l'avant-plan, avec diverses nuances proxémiques intéressantes à étudier: en plan moyen (rapproché) ou en gros plan.

2. Plan moyen — En plan moyen, le corps est dans une région du champ visuel plus rapprochée du percepteur.

Il est généralement de face, en buste, en demi-pied ou en pied. Plutôt que le point de vue en plongée (ainsi dans *Les Ursulines*) ou en contre-plongée (voir *Sylvain et les étoiles*), Lemieux favorise volontiers le point de vue frontal: il préfère se placer à égalité de ses personnages, pour nous inviter à les considérer dans l'équanimité du regard. À l'intérieur des limites de son encadrement, il joue sur la distance horizontale qui le sépare de ses sujets. D'où l'importance de la proxémie dans son univers imaginaire, aspect sur lequel nous nous pencherons dans le chapitre sur les relations.

En plan moyen, la figure solitaire est souvent gigantesque, tant elle est placée près du picturateur et du picturataire. Habituellement en station debout, on l'a vu, elle occupe le premier plan d'un paysage et ne montre que la moitié supérieure de son corps (voir *Orion*, par exemple, où l'enfant du premier plan est ainsi en arrêt, délivrée de ses occupations quotidiennes). Dans *L'orpheline*, la figure éponyme s'est éloignée du village qui se profile derrière elle et est venue à notre rencontre, comme si nous étions des extra-terrestres. Elle nous fait face et nous fixe de très près, sans peur apparente, attendant de nous un mot, un message, un geste de chaleur humaine. Ce faisant, elle nous interpelle et nous installe dans le lieu où elle se trouve: cette présence est prenante et impliquante pour le spectateur.

Le *portrait en demi-pied*, qui correspond au portrait en buste, est l'objet d'une affection particulière chez Lemieux. Ce type de portrait entretient une relation directe avec nous. Les sujets ainsi choisis par le peintre sont le plus souvent vêtus avec une grande sobriété, ce qui contribue à réduire les interférences dans la communication. Ils ne livrent que les signes essentiels de leur mode de vie et de leur classe sociale: les gens du peuple et les religieux ont droit au plan moyen autant que les bourgeois. Dans tous les cas, pauvres ou nantis, les personnages vivent dans la retenue et le dépouillement.

Le *portrait en pied*, quant à lui, confère une certaine solennité aux figures. Les religieux de haut rang en sont surtout dignes, aux yeux du peintre, et ces représentations en pied sont rares dans l'histoire du portrait religieux (*cf.* Trudel, 109), ce qui nous dit combien Lemieux renouvelle à sa façon cet art limité. Ainsi son *Mgr de Laval* (s.d.), qui s'inspire du *Saint Ildefonse* du Greco (1605), affublé de tous ses attributs d'évêque: chasuble, mitre, manipule et crosse; ainsi encore du célèbre et original *Visiteur du soir* (1956), où un prêtre sans visage, dont la soutane dépasse le long manteau, et coiffé d'un chapeau de fourrure angulaire, se dresse, dans son grand dépouillement, sur un vaste domaine désert de neige. Mais des personnages plus socialement modestes sont également parfois vus de pied en cap, comme dans *Promenade 1907* ou *Le train d'Hyppolite*: cette dernière estampe de *La petite poule d'eau* présente d'ailleurs son personnage unique, un cheminot, en une rare vue plongeante. Mais c'est dans l'art du portrait officiel, laïque et religieux, que Lemieux, d'une manière inattendue, innovera le plus.

3. Portraits officiels — En plan moyen toujours, Lemieux accorde en effet un traitement particulier au portrait officiel de personnages vivants qu'il a plus ou moins connus. Il y a, dans cet art restreint, une évidente contrainte utilitaire et/ou religieuse qui assujettit la liberté de l'artiste. Or Lemieux a produit des portraits officiels relativement originaux qui ont d'ailleurs suscité des controverses parce qu'ils bousculaient les cadres établis. Le *Cardinal Léger* (1962) en est un bon exemple: le sujet est debout et représenté à mi-corps. Son Éminence a droit à un visage avec des traits d'identité précis et affiche les codes institutionnels de sa prestigieuse fonction dans l'Église (croix pectorale, barrette ecclésiastique et capa magna rouges). Aucun élément décoratif ne l'entoure et les mains sont invisibles (on en connaît le symbolisme d'impuissance: dans les années 1960 au Québec, l'Église catholique perdit brusquement toute influence et le personnage semble être, ici, devenu en lui-même un objet ornemental tout en restant respectable). Le personnage est un tantinet décentré, poussé qu'il est à gauche du tableau au bord du cadre (signe de réalisation de soi), tandis que le sommet de sa barrette est audacieusement tronqué. Une touche personnelle parvient ainsi à s'exprimer dans un art qui ne lui laissait, en principe, aucune place.

Le pape Paul VI, dans *Pastor et nauta* (1973), apparaît, lui aussi, avec une identité clairement définie, les mains croisées sur son ventre (lui, il a accès au langage des mains, ce qui indique combien l'Église conserve du pouvoir à l'échelle internationale): il se découpe en blanc sur un fond entièrement noir. Le personnage n'occupe que la moitié inférieure du tableau, où domine un vaste ciel sombre. Le portrait participe ainsi d'un symbolisme métaphysique imposant: le pape porte sur ses épaules tout le mystère de l'univers qui l'entoure. Mais aucune idéalisation ne s'opère ici: ayant les oreilles décollées, typiques des personnages attachants de Lemieux, et analogues à celles du peintre lui-même — ce qui confirme peut-être un soupçon d'identification de Lemieux à l'homme de pouvoir — le pape, ainsi ramené à ses dimensions humaines, se voit délivré de son Image: plus dépouillé et non idéalisé, il n'en est que plus humain et plus grand.

Là où Lemieux innove davantage, c'est lorsqu'il libère ses figures de leurs oripeaux institutionnels. Le portrait du gouverneur général du Canada, Jules Léger, et de madame Léger (1977), démontre un progrès en ce sens. Les personnages officiels sont debout l'un à côté de l'autre, dans le jardin d'entrée, en face de la résidence gouvernementale. Madame a les bras croisés et tient un bouquet dans la main droite: ce langage du corps pourrait la fermer à la communication, mais elle communie intensément par les yeux, qui sont grands, pétillants, fixes. Lui, en costume simple et dépouillé, est au garde-à-vous, avec sa médaille de gouverneur qui lui pend au cou. C'est l'été et il y a quelques gardes qui badinent au loin près de la résidence dont la porte est grande ouverte. Une atmosphère de paix et de sereine stabilité se dégage de ce portrait. Les personnages nous intéressent par la personnalité que le peintre leur confère: ils participent de la dynamique de la création artistique et s'en trouvent enrichis.

Ayant reçu des commandes du gouvernement fédéral canadien autant que des indépendantistes du Québec, Lemieux a dépassé, dans ses portraits officiels, les débats politiques qui animaient plus que jamais la scène publique canadienne au cours des années 1970. Le portrait de Clément Richard (1979), président de l'Assemblée nationale du Québec, contraste encore plus avec les autres portraits d'anciens présidents, qui ont tous été portraiturés dans des couleurs sombres et des intérieurs austères, une main sur une artificielle pile de livres. Le Richard de Lemieux, lui, est dehors, planté au cœur de l'hiver, à l'extrême-droite du tableau (réalisation en devenir), l'air déterminé, en manteau beige croisé. Derrière, la colline enneigée du Parlement de Québec sur le toit duquel flotte un drapeau d'un bleu vif et nationaliste.

Mais le portrait le plus controversé fut celui de la reine Elizabeth et du prince Philip (1979). Vus aux trois quarts à partir des genoux, les personnages sont au milieu d'une plaine, la silhouette du parlement se dessinant vaguement dans le brouillard. Ils n'arborent aucun signe particulier, ni couronne, ni costume distinctif. Les cheveux bien en boucles, la reine porte une robe qu'on soupçonne être longue et tient un petit bouquet de fleurs des champs dans la main gauche. À bonne distance d'elle, et légèrement en retrait (éléments chargés de sens pour ce sémiographe de la proxémie qu'est Lemieux), le prince est en smoking et nœud papillon, les bras croisés derrière le dos (notez qu'on ne voit pas ses mains, alors que celles de la reine sont au premier plan), l'air un peu accablé, tandis que la reine, elle, sourit. Ils sont ainsi un couple ordinaire, assurément disparate comme bien des couples ordinaires, mais ils sont, par le fait même, davantage près du spectateur, davantage ancrés dans la réalité, davantage en dialogue avec leurs sujets. Le portrait a cependant déçu: Ottawa l'a même jugé irrespectueux et inconvenant. Une vive controverse l'a entouré. Pourtant, le peintre avait dépassé la platitude de la commande et, en courant le risque de personnaliser son propos, il avait renouvelé l'art si stéréotypé, si creux du portrait officiel. Ce n'est plus la seule fonction des personnages qui retient l'artiste: il s'attache plutôt à l'être humain qui se dévoile au fond de la grandeur, à la profondeur qui se déploie sous les Images. Il transcende les titres, les médailles, les uniformes, les rubans, les décorations, les bannières pour faire participer les personnages à l'espace, au temps, au monde réel ainsi qu'à l'univers de l'art. Voilà qui les anoblit doublement.

Lemieux a tant bousculé l'art du portrait que certains critiques ont considéré qu'il n'était pas portraitiste et s'en sont désintéressés. Même pour les dignitaires, il ne copiait pas de modèle, il peignait de mémoire et investissait ses personnages de toute sa sensibilité. Il refusait de se soumettre au code reçu du portrait officiel. D'ailleurs la plupart des portraitistes commandités privilégiaient alors un réalisme idéalisant et la vue de trois quarts, qui surprend nettement moins que celle de face ou de profil, voire de dos!

4. Gros plans: les visages — Lemieux ne se contente pas d'individualiser ses personnages par le corps, il accentue ce processus par la faveur qu'il accorde au visage, ce dernier étant la partie du corps la plus individualisée. La naissance de l'individualisme a coïncidé, on le sait, avec la promotion progressive du visage. La montée historique de l'individu s'accompagne de l'assomption de l'image de soi et surtout de celle du visage. Avec la valorisation de celui-ci, l'individu n'est plus le membre inséparable de la communauté anonyme, il acquiert une identité propre qui brille sur le fond du grand corps social (Le Breton, *Anthropologie*, 21, 44).

La production de Lemieux témoigne d'un intérêt pour le visage qui s'est accru avec les années (intérêt qui serait à mettre en parallèle avec le traitement des mains).

Quelques mois avant sa mort, il déclarait encore dans un entretien: «J'aime de plus en plus peindre les visages.» (*Le Soleil*, 2 avril 1990) Comme pour les mieux mettre en évidence, il fait souvent porter à ses personnages la tête haute sur la longue colonne étirée du cou. Par moments, la figure donne même l'impression d'avoir une tête hypertrophiée, comme c'est le cas, notamment, du *Petit frère convers* (1971), qui a le crâne presque aussi large que les épaules.

En gros-plan, la figure humaine se réduit à son visage: elle n'est que visage. Cette partie du corps est alors emphatique, démesurément amplifiée et valorisée.

Les visages qui semblent l'intéresser le plus sont ceux de la jeunesse. Ce sont souvent des visages androgynes qui semblent venir d'une autre époque, de la fin du Moyen Âge et de la Renaissance italienne, époque justement de l'apparition du portrait dans l'histoire de l'art. Ses visages se présentent le plus souvent comme le reste du corps: de face ou de profil, et sont dessinés avec une grande précision.

DE FACE. De face, le visage est généralement rond ou ovale (le potelé domine, ici, sur la maigreur ascétique: mais les gros sont bannis), avec un front souvent caché par un toupet ou par un chapeau; les yeux y sont circulaires et noirs, toujours espacés, souvent cernés, pétillants ou fatigués, traqués ou alanguis, interrogateurs ou résignés; les lèvres, minces et fermées; le nez, presque absent, réduit à un trait ou aux deux points des narines; les oreilles, toujours décollées, analogues, encore une fois, à celles de Lemieux lui-même, comme si un complexe personnel s'était généralisé en caractéristique d'espèce. C'est dire combien le corps du sujet peignant s'intègre à son corpus:

cette intégration révélerait peut-être que le peintre n'était sans doute pas très satisfait de sa propre image, lui qui s'acharne tant à «défigurer» ces miroirs de lui-même que sont ses personnages, à leur couper la tête ou la moitié du corps.

DE PROFIL. De profil, le visage sort de sa réserve habituelle: il est davantage accidenté, plus contrasté et plus emphatique. Les profils de Lemieux sont souvent fort théâtraux (dans *Les noces de juin*, le prêtre du groupe, par exemple, est exagérément retourné vers sa voisine, au point d'être picturalement inusité). Le visage de profil est alors tout à fait différent du visage de face. Voyez, par exemple, *Axel* (1959), *Petit garçon* (1964), *Mademoiselle* (1960), *Portrait de profil* (1961): contrairement au visage de face, le visage de profil a toujours un front fuyant et imposant, un nez proéminent, en prolongement du front, des lèvres épaisses et avancées. Les couleurs deviennent vives: des rouges, des jaunes, des verts. Cette formule robuste lui vient de la Renaissance italienne: même rigidité de la figure, même hiératisme. Tout concourt à croire que, pour le peintre, le profil bénéficie d'une expressivité plus grande que la vue de face, peut-être parce qu'il doit condenser tout le corps dans une moitié latérale. Son pouvoir citationnel pointe, en tous cas, un pan de l'histoire de l'art et rappelle que le portrait, chez Lemieux, n'est pas qu'une banale reproduction d'un modèle vivant: il relève d'un travail créateur, qui est conscient de ses dettes à l'égard d'une tradition.

Aux dominantes du visage de face et du visage de profil, Lemieux ajoute des variantes syntaxiques: le visage de profil (tête tournée à droite ou à gauche), alors que le reste du corps est de face (voyez, par exemple, *La servante,* 1966; ou *L'enfant à l'oiseau,* 1966; ou encore *Le déjeuner,* 1965). Plus rarement, il arrive que le visage soit de face (tourné vers nous), alors que le corps se présente de profil: voir le personnage central de *Plage américaine* (1973). Cette syntaxe crée des contorsions figuratives qui introduisent une tension au sein de la toile entre plusieurs figures.

La combinaison, dans le même tableau, du visage de face et du visage de profil a produit les œuvres les plus saisissantes de Lemieux, telle *La mort par un clair matin* (mère de profil, enfant de face) ou *1910 Remembered* (père et mère de profil, enfant de face).

VISAGES EFFACÉS. Il arrive aussi que Lemieux gomme toute trace individualisante de certains visages: c'est le cas, par exemple, dans *Le visiteur du soir,* où le visage n'est plus qu'une surface sans identité. Ces visages effacés introduisent une énigme dans ses tableaux, qui intrigue bien des spectateurs. Ce visage anonyme met alors plus l'accent sur la fonction sociale du personnage que sur l'individualisation. Les figures sans visage sont surtout les religieux et les religieuses ou les personnages qui exercent des fonctions perçues comme nobles par le peintre, tels les médecins (parmi les dix-huit figures qui peuplent l'esquisse à l'huile de *Médecine à Québec,* aucune n'a de visage dessiné). Dans la tradition théologique, on sait que Dieu n'a pas de visage. Au-delà de l'homme, il est un au-delà du visage, puisque le visage est le propre de l'homme (Le Breton, *Des visages,* 15ss). Ainsi de certains représentants de Dieu sur la terre: être sans visage revient à posséder un attribut divin (et cela vaut aussi pour les laïcs). En outre, le prêtre et la religieuse acceptent de brouiller leur condition d'êtres singuliers pour se fondre dans la masse anonyme des autres voués à l'Être suprême (ou à un grand Autre, pour les laïcs). Il combattent en eux-mêmes toute manifestation du visage, tout signe instaurant un supplément de sens où se percevrait une individualité. L'hagiographie chrétienne est remplie de moments où le visage d'un saint devient lumineux, impossible à soutenir du regard: c'est là le signe de la perte de son individualité et la manifestation extérieure de son appartenance à un règne supérieur. Il participe à la gloire divine. «Il n'existe de visage, de vis-à-vis, de face-à-face, que des hommes d'une égale condition, que n'éloigne aucune disparité de puissance.» (Le Breton, *Des visages*, 23) Dans les visages effacés des religieux, Lemieux inscrit une spiritualisation du visage qui fait apparaître une des vocations de son art: donner à ne pas voir. Façon de représenter l'invisible.

S'ils n'ont pas de visage, ils ont en revanche une face, c'est-à-dire une image de soi (ici glorifiante) dans le miroir des autres. Ces figures incarnent des valeurs qui, dans le monde contemporain, ne sont plus en usage, qui n'ont plus justement de visage, si l'on peut dire. Le visage effacé renvoie donc à une autre époque des relations humaines, où il y avait des hiérarchies entre les êtres. Les servantes, dans le tableau qui porte ce titre et dans *La fête au couvent*, sont sans visages, comme les religieux. C'est dire qu'il n'y a pas idéalement d'égalité chez Lemieux: il y a les fonctions nobles (le service, religieux ou laïque), et il y a les autres.

Une façon recherchée d'absenter le visage consiste à présenter le personnage, non de face ou de profil, mais de dos: c'est la vue de nuque, où le visage n'est pas visible. Ce dispositif se retrouve dans *Moniales*, qui propose, outre un exemple de cette vue de nuque, le dialogue silencieux de visages de face et de profil. *Le beau monde* offre une véritable synthèse des visages de Lemieux, avec deux de plein profil, un de profil articulé à un corps de face, cinq de face (un sixième esquissé au troisième plan) et trois visages dérobés (les êtres étant vus de nuque). Mais le visage dérobé n'a pas la force sémantique du visage effacé ni celle du visage lacéré.

Car il y a enfin, chez Lemieux, des visages coupés, segmentés au milieu des yeux, comme dans *Les grandes personnes* (1960). Dans ce portrait de famille, on voit six personnages répartis en trois rangs: à l'arrière-plan, deux hommes dont la tête dépasse du cadre jusqu'à hauteur des yeux, le peu qui reste de leur visage étant pratiquement effacé; au deuxième rang, trois femmes, apparemment grand-mère, mère et fille, dont les traits sont plus individualisés, et enfin, au premier rang, une petite fille clairement campée avec le visage bien dessiné. Un sentiment de douleur et d'oppression se dégage de ces hommes mutilés, comme devant les belles sculptures défigurées de Sosno, de l'École de Nice[1]. La défiguration s'effectue par le vide (la coupure du cadre). Un personnage qui a perdu une partie de son visage n'est déjà plus une personne à part entière, il est à peine encore un être humain. Ici, il est significatif que ce soit les deux figures paternelles qui soient ainsi défigurées. Dans cet espace, autant que dans la société québécoise traditionnelle qui était matriarcale, c'est la femme qui domine (notez d'ailleurs la grand-mère bien entière et centrale). Les

1. Voir mon article illustré «Sosno: l'insoutenable lourdeur de l'être» dans *Espace* 6.2 (1990): 26-28.

hommes, eux, sont de service et ils se dévouent, toute leur vie, à satisfaire les besoins de cette grande Autre qu'est la femme.

Avec tous ces visages effacés ou coupés, Lemieux a réussi à concevoir l'inconcevable: des êtres sans visage dont on peut pourtant se souvenir.

Après ces brèves remarques, le visage conserve toujours son mystère. Notre approche relève, d'ailleurs, plus de l'ordre de la butinerie que de l'exhaustivité. Peut-on prétendre épuiser cet objet infini qu'est un visage? L'observateur pourrait encore s'intéresser au *masque*, qui est, chez Lemieux, le visage de la fête, avec, en particulier, la fausse conformation des *Mi-Carêmes* ou de *La fête*; ou à la *gueule*, avec ses connotations de bestialité, à la condition de reconnaître qu'elle existe chez Lemieux, subtilement il est vrai, tant dans les œuvres primitives que tardives.

5. Le regard — Le corps de la postmodernité cesse de privilégier la bouche, organe de l'avidité, de la nourriture, du cri et de la parole. Sens de la distance, la vue connaît une fortune grandissante après la Renaissance, au détriment des autres sens, l'ouïe et le toucher, sens de la proximité et du contact. Le regard, qui a été promu par la culture savante, est devenu le sens clé de l'époque. Lemieux accorde une attention particulière à cet élément crucial du visage, mais il le perçoit selon la définition qu'en a donnée Sartre: «L'œil n'est pas saisi d'abord comme organe de vision, mais comme support de regard.» Lemieux n'est pas le peintre de l'œil, il est celui du regard.

Tout est conçu, dans ses tableaux, pour augmenter l'investissement expressif du visage et accentuer l'importance du regard: frontalité photographique des figures, simplicité extrême des vêtements, dépouillement de l'espace.

Le regard de ses visages en gros-plan est direct et franc. La figure nous regarde toujours droit dans les yeux. D'un visage à l'autre, ce regard se pose sur nous et nous interpelle. Fixe et muet, il semble vouloir communiquer avec nous un secret désarroi ou une demande d'amour, ou quelque discrète supplique. Ce regard semble dire silencieusement: «Voyez ma solitude» ou «Comprenez mon désarroi». Lemieux a tenté de s'expliquer là-dessus: «J'essaie seulement de traduire, dans mes personnages et mes paysages, la solitude qui est nôtre.» Il s'agit d'une solitude doucement désespérée, résignée, mais aussi ouverte au moindre souffle de chaleur humaine qui pourrait venir de notre côté, du côté de notre réalité. Ces figures rapprochées sont des *piétas,* dans un sens nouveau, variation moderne d'un genre antique: c'est-à-dire qu'elles inspirent la pitié, elles suscitent la commisération, mais sans aller jusqu'à l'implorer. Comme les antihéros de la littérature moderne, dont le Plume de Michaux, le Charlot de Chaplin ou les sous-hommes de Beckett, elles réveillent une intense compassion, analogue à celle que l'on peut ressentir pour le malheur d'autrui. Elles allument en nous des lueurs de bonté et de miséricorde. Bref, elles nous rendent bons, ce qui est assurément un fait rare en peinture.

Les *piétas* par excellence, ce sont les enfants: ils apparaissent abandonnés par leurs proches, coupés de leurs attaches familiales, lancés dehors dans le monde dur de la réalité. Plus que celui des autres, leur visage est à la lisière de l'intime et du public. Ils ne rient pas, ni ne sourient, ce qui suggère qu'ils ont été élevés dans la solitude, dans la réduction des liens sociaux, dans le laisser-aller. Ils réapparaissent seuls, de lieu en lieu, de tableau en tableau, en quête silencieuse d'un regard compatissant.

Marie Carani a emprunté aux philosophes des Lumières le mot d'«isolisme» pour désigner, chez Lemieux, la solitude radicale de l'être dont la vie se déroule sur fond d'angoisse, d'incertitude et de néant (Carani,142). C'est une condition qui est vécue certes comme un douloureux abandon, mais qui est aussi acceptée avec résignation. Le sujet ne lutte pas. Il a acquis une sorte de sagesse presque taoïste. S'il consent à son «isolisme», il n'a pourtant rien d'un héros métaphysique à la romantique. Ce n'est pas une solitude souveraine et tapageuse: c'est une solitude subie dans le calme et la discrétion. On ne cherche pas vraiment à l'afficher, à la célébrer, à s'en faire un titre de gloire. Le romantique avait cette conscience arrogante qui le poussait à transcender la mêlée sur la crête du monde. Le solitaire de Lemieux, lui, rêve plutôt de fraternité: il désire le lien, mais sans l'imposer, sans envahir. Il cherche le salut par l'autre. Complétons une remarque de Schefer: les tableaux n'étant peints que d'un seul côté, la partie qui nous regarde tourne le dos au monde, écrit-il; et, par conséquent, nous privilégie, pourrait-on ajouter. C'est aussi ce qui arrive aux personnages de Lemieux et ce qui nous arrive de bienfaisant avec eux.

Le visage et le regard sont donc les signes de base du récit humaniste qui s'élabore ici. C'est le centre névralgique, où se condense tout le programme pathémique de l'œuvre de Lemieux.

6. Le regard de la foule — Dans la foule, ce qui caractérise les êtres, c'est leur regard sur nous, percepteurs, comme si nous étions une caméra qu'ils fixeraient ou une curiosité naturelle ou quelque excentrique membre d'une tribu exotique. Nous sommes le spectacle. Nous sommes réifiés. Les personnages de Lemieux mettent les spectateurs en vitrine. Ils nous considèrent comme si nous étions offerts à leur regard.

Avec la foule, ce n'est alors plus seulement un regard qui nous interpelle, mais quatre, cinq, six de ces regards troublants et qui tous semblent s'interroger sur le sens de notre présence là, en face d'eux, près d'eux. Ils ont l'air surpris de nous voir. Aucune velléité de rejet ne se dégage d'eux, mais simplement nous nous sentons des intrus débarqués dans leur monde, fixés par eux avec intérêt, comme si nous étions sur un théâtre, que ce soit dans *Montréal l'hiver*, au *Temps de Noël* ou sur *La Terrasse Dufferin*. Ce regard nous marginalise, nous définit en étrangers, nous pose en objets intrigants. Ce ne sont finalement pas les personnages de Lemieux qui sont énigmatiques pour nous, ainsi qu'on l'a souvent prétendu, ce sont les spectateurs qui le sont pour eux, c'est moi qui le suis pour eux. Et cette dynamique se trouve inscrite dans le tableau même, et donc dès l'encodage du spectateur virtuel.

Dans *L'homme prisonnier* (1967), qui porte aussi le sous-titre de *L'angoisse*, un jeune incarcéré nous transmet la sensation troublante d'être enfermés avec lui dans une cellule sans fenêtre. Le regard des figures de Lemieux nous oblige à prendre ainsi conscience que nous sommes là avec elles, que nous sommes en leur compagnie, dans le même bateau qu'elles, la vie. Où serions-nous sinon, à les regarder ainsi nous regarder, ensemble nous regardant mutuellement, muettement? Ce regard est contact, il nous touche et nous entraîne. Il a valeur baptismale: il nous donne une existence picturale, il nomme notre fonction, il force notre coïncidence avec le picturataire, le spectateur implicite du tableau. Ce regard nous accorde un visage, confirme notre présence, comme si cette dernière était prévue dans le texte pictural, et nous établit fortement en interlocuteur. C'est ainsi que les personnages de Lemieux nous captent, nous associent à eux et nous emportent imaginairement avec eux. Grâce à leur regard, nous advenons à l'univers fictif de la toile.

«On ne rêve plus. On est rêvée. Silence.» (Michaux, *La ralentie*)

Lemieux invente, ici, non pas un objet de décoration ou d'illustration, mais une image-sujet. Une image-conscience qui suscite réaction affective et réflexion morale autant que contemplation esthétique; une image-récit qui raconte, d'une station à l'autre, la Passion interlocutrice. Tout en elle nous invite, non à la prosternation, mais au dialogue silencieux.

Notons que cette interlocution est fragile et peut s'annuler dès qu'on brouille le regard: le hippie *Killer Joe*, par exemple, refuse de communiquer par la vue en portant des lunettes de soleil (il cache d'ailleurs une main derrière son dos, comme s'il dérobait une activité interdite — une cigarette de marijuana peut-être). Dans cet univers, l'arrogance n'est pas dans le regard: elle survient au contraire dès qu'on altère ce dernier, c'est-à-dire dès qu'on touche à sa fonction interlocutrice.

Parmi les toutes premières œuvres de Lemieux, on peut voir une curieuse illustration d'un récit de Régis

Roy, *Le manoir hanté*, dont personne ne parle: la gravure ne nous montre que deux yeux ronds et noirs dans la nuit. Plutôt que du regard, c'est donc du motif de l'œil qu'il s'agit cette fois. Cet œil ne cherche pas l'interaction. Les yeux détachés, parce qu'ils ne sont pas reliés à l'ensemble d'un visage, créent automatiquement la peur. Le thème de la surveillance brise l'interlocution. On comprend pourquoi Lemieux a soigneusement banni ce thème du reste de son œuvre. Il ne veut pas de l'œil de Dieu qui culpabilise les consciences. Il veut un regard qui s'absorbe dans la présence de l'autre, un regard pathétique, chargé d'émotions, un regard imprégné d'altérité. Voilà ce qu'il a tenté de mettre inlassablement en scène.

8
Chapellerie

Rubans et chapeaux fétiches

Le visage, c'est encore, chez Lemieux, tout ce qui s'y associe d'une manière contiguë et qui prolonge ou raffine le langage silencieux du corps, tels les vêtements et les éléments de la coiffure. Ces derniers sont, dans cet univers, l'objet d'une attention soignée et nous confirment, s'il en était besoin, le privilège accordé par le peintre à la tête, où se concentre tout le pathos: rubans et chapeaux apparaissent comme des objets fétiches que la majorité de ses personnages arbore. Ces éléments, en particulier les grands rubans blancs qui ornent les cheveux ou le cou des figures, ont la particularité d'être emphatiques. Ce ne sont pas de minuscules bandes délicates et discrètes: ces rubans sont exagérément volumineux, et cet excès est associé à tout un discours de la provincialité, car c'est surtout le corps rural qu'on voit porté à cette théâtralité vestimentaire (voir, par exemple, les enfants du triptyque *La paroisse*, v. 1972-1974).

D'ailleurs chez nombre de jeunes filles, c'est un signe insistant, qui redouble les autres indicateurs d'immaturité (ainsi chez la plus jeune des *Grandes personnes*). Le ruban prend une telle ampleur par moments qu'il fait office de chapeau (*L'orpheline*) ou le prolonge comme une écharpe nouée en serre-tête (*La visite*).

Les tableaux de Lemieux exhibent une exceptionnelle collection de chapeaux, que des chapeliers ont d'ailleurs commencé à recréer pour le commerce: du feutre mou à la calotte religieuse, en passant par le canotier, la capeline, les tuques, les toques, le turban, le chapeau pointu, le foulard par-dessus la coiffe ou en-dessous d'elle, la cornette amidonnée des religieuses, la tiare, la mitre, la barrette, le haut-de-forme, le melon, etc. Les couvre-chefs varient selon la personnalité et selon les circonstances spatio-temporelles dans lesquelles les figures évoluent. Le chapeau va jusqu'à coiffer parfois des tableaux eux-mêmes par le biais de leur titre: comme *Le chapeau noir* (1972) ou *La tuque bleue* (1970). Le chapeau noir en question est porté par un adolescent au premier plan: derrière lui, et parsemés ici et là, en écho à ce chapeau éponyme, quatre parapluies noirs qui sont comme de grands couvre-chefs. Dans *La tuque bleue*, un personnage en amorce nous tourne le dos au premier plan et nous apparaît à contre-jour sur un fond de ciel gris et sur un champ de neige. Le portrait se voit ainsi résumé dans la métonymie d'un morceau de vêtement.

Le chapeau acquiert une valeur si distinctive aux yeux du peintre qu'il peut occuper une partie imposante de la toile ou plafonner la figure en butant contre le bord nord du cadre: ainsi de *Nathalie* avec son grand bonnet qui atteint la limite supérieure du tableau.

L'omniprésence des chapeaux, ici, ne doit cependant pas nous étonner outre mesure parce qu'elle renvoie à une étiquette vestimentaire du passé qui prescrivait qu'hommes et femmes ne devaient jamais sortir sans chapeau. Dans la coiffure, comme dans la mode, s'inscrit une évidente dimension temporelle. Qui dit chapeau, dit époque plus ou moins révolue. La toile *Les temps passés* (1965) est, à cet égard, révélatrice. Le peintre y distribue une série de personnages à chapeaux, alternativement sur la droite et sur la gauche, de l'avant-plan vers l'arrière et vers un passé progressivement éloigné: au premier plan, un garçon, seul personnage à tête nue de cet ensemble, indique, d'une manière significative, le code contemporain d'alors: on ne portait plus guère de chapeau, ce que confirme la relative rareté des couvre-chefs dans les toiles de la période tardive du peintre. Parure d'un temps qui fut, le chapeau s'associe encore pour Lemieux au dehors. Il ne se porte pas à l'intérieur, sauf à l'église pour les femmes, dont il devait, selon la convention liturgique, cacher la chevelure et ses connotations érotiques.

Au-delà d'une banale référence à une mode passée ou à une conformité religieuse, il existe tout de même, chez Lemieux, une authentique fascination pour le chapeau, tant cet élément vestimentaire est objet d'investissements substantiels. Presque tous ses personnages en arborent un, avons-nous dit, mais aussi les nus y compris, ce qui est quelque peu surprenant! Voyez, par exemple, *Nu sur fond bleu* (1963) ou *Jeune fille au chapeau* (1971), portraits d'adolescentes en extérieur et qui n'ont d'autre vêtement qu'un couvre-chef. C'est par ce qu'ils portent sur la tête que les personnages se distinguent et révèlent leur psychologie, leur statut social ou leur marginalité par rapport au groupe. Lemieux fétichise à ce point les chapeaux qu'il s'est fait tout naturellement chapelier. Il y a ainsi une vaste gamme de ces accessoires signés JPL.

La collection JPL

Un inventaire rapide de la collection JPL révèle qu'il y a une chapellerie douce et une dure, ou dans les termes de la philosophie actuelle (Lipovetsky, 161), la postmoderne (l'hédoniste, la séductrice) et la moderne (d'une logique disciplinaire et hiérarchique). Du côté de la première, sont assurément la tourmaline (ainsi celle de l'enfant de *1910 Remembered*) et la capeline. Ces pièces souples se posent sur le dessus de la tête et ont des qualités sensuelles (tactiles) et terriennes très poétiques (elles sont flexibles et on peut les modeler telle une bonne pâte). De même la soucoupe de *Julie et l'univers* ou celle de *Miss Knight* ressemblent à une auréole légère et insinuent un mouvement ascensionnel dans l'espace du tableau, tout en rivant les figures au sol par leur effet d'écrasement. Certains couvre-chefs sont également porteurs de connotations pacifiantes, ne serait-ce que par leurs formes rondes ou ovales ainsi que par leur chaude et molle texture. La tuque, le bonnet de laine, le passe-montagne, la cagoule (celle, blanche, haute et ovale, d'*Orion*, par exemple) ont d'enveloppantes et cœnesthésiques références rurales et enracinent les personnages dans le paysage d'hiver canadien. La toque de fourrure, qui protège tout en signalant un statut, s'associe davantage à la toilette endimanchée et à la fonction sociale officielle: un prêtre, figure réconfortante, généreuse et protectrice, la porte au milieu d'un désert de neige dans *Le visiteur du soir*, tout comme un cheminot au fanal, guide et gardien dans la nuit, par un soir de grand froid, dans l'estampe *Le train d'Hippolyte* de *La petite poule d'eau*, ou bien encore dans cette autre estampe qui représente la bonne mère de famille, Luzina. Toujours au rayon de la chapellerie douce (par leurs formes rondes), la capeline, la cloche de paille ou le bob accompagnent, pour leur part, l'activité des belles saisons: le bonheur simple du pique-nique, la conversation champêtre, l'effusion de la plage, la cueillette aux champs, les joies collectives de la chasse et du défrichage.

Par opposition à ces chapeaux du plaisir, Lemieux a inventé une chapellerie dure, associée au principe de réalité, aux valeurs du travail, de l'effort, de la volonté, de l'autorité. S'y classent bien en vue les hauts-de-forme, tels ceux des croque-morts dans *Lazare* ou ceux, allongés et anguleux, des pères de la Confédération canadienne dans l'estampe *Île-du-Prince-Édouard* ou dans celle de *Charlottetown Revisited*: la mort et la loi, ainsi que leur solennité, se signifient ici par la rigidité, le noir, le strict. La casquette à visière, comme celle d'un vieillard triste de *Floride* ou celle du Capucin de Toutes-Aides dans *La petite poule d'eau* (lequel porte en plus une capuche par-dessus sa casquette!), nous communique un langage sec, coupant, ascétique. Les lignes droites et les formes pointues expriment tout naturellement quelque volonté agressive: voir *Les promeneurs*, qui offre un bon échantillon de six chapeaux JPL, plus un parapluie.

Dans la chapellerie stricte, on classerait assurément encore l'ensemble des coiffures religieuses, lesquelles sont abondantes et variées dans la production du peintre. On y rangerait également le feutre mou, qui se relie, chez Lemieux, au monde de la loi: soit au détective (comme dans *Les indésirables*, par exemple), soit à son pendant opposé, la figure du marginal ou du criminel (voyez la figure excentrique de *Killer Joe*). Le chapeau colonial, quant à lui, coiffe un tueur cruel, dont le passe-temps consiste à abattre des oiseaux, pour le simple plaisir de tuer. Cette coiffure terrienne et anglo-saxonne (est-ce un hasard?) se charge ainsi de sourde violence (voir l'estampe *Armand Dubreuil*). Au rayon de la chapellerie stricte, figureraient aussi bien sûr les casques militaires qui noircissent les dernières toiles du peintre, ainsi que le scaphandre de cosmonaute de la série *Erikson*.

On doit cependant réserver une place à part au chapeau à garniture de fleurs ou de plumes qui, chez la femme, signe l'élégance de la belle saison, mais aussi et surtout l'énergie, voire, d'une manière inattendue, l'autorité familiale: toujours père et mère sont en effet vêtus de chapeaux (voir l'estampe *Kent House 1909*, par exemple). Chez l'homme, le chapeau à plume rouge signale surtout le chasseur (*Chasse d'octobre*). Chez la femme le chapeau fleuri révèle une fermeté de caractère ainsi qu'il est évident chez la militaire Miss O'Rorke, dont Lemieux a condensé le caractère tranché dans la coiffe de l'estampe *Mademoiselle*. La poigne disciplinaire est davantage encore exprimée, à travers un accessoire fétiche analogue, chez la très déterminée Ernestine, tante de Lemieux, dans l'estampe éponyme. Il est intéressant de remarquer que la mère de Nelligan, dans l'énigmatique tableau que le peintre a élaboré en hommage au poète, porte, elle aussi, le chapeau à fleurs des femmes autoritaires et castratrices. Voyez également le chapeau fleuri de la mère dans *L'été 1914*. L'image maternelle se révèle donc, ici, dans son versant surmoïque, avec sa dureté, sa discipline de fer, sa sévérité. D'une manière surprenante, le chapeau à fleurs, comme s'il condensait tout le jardin de l'enfance, en résume le poids symbolique.

Lemieux n'hésite pas, au besoin, et en bon modiste, à créer des formes rares. *Mi-Carêmes*, qu'on croit influencé par les *Three Maskers* de l'expressionniste allemand Hofer (1922), ou *Masques* offrent des exemples de ces créations originales: tricorne, cône, turban élaboré, et autres formes biscornues proposent des fantaisies qui sortent les figures des limites du monde quotidien, les rendent excentriques et quelque peu irréelles.

Est également l'objet de soins méticuleux chez Lemieux la chevelure, avec sa grande variété de coupes (mais, en général, courtes pour les deux sexes, petit page pour les enfants, en chignon serré chez les femmes du monde). Le personnage pose devant nous comme devant un appareil photographique avec l'air de nous dire: «Regardez mon chapeau, regardez ma coiffure. Voyez ce que cela dit sur moi, sur mon rapport au corps, au social, au temps, à l'univers.»

Encore contigus à la tête, les vêtements fermés au cou, ainsi que dans *Jeune homme au chapeau* (1962), *Jeune Anglais* (1966) et *L'orpheline* (1956), ou bien au contraire évasés, comme dans *Le ruban bleu* (1974), *Portrait d'Anne* (1972) et *François* (1964), nous tiendront le langage silencieux du repliement sur soi, du blocage, de la pudeur étouffante, ou, à l'opposé, celui de l'ouverture, de l'avènement à la vie, de l'accès à l'érotisme.

9
Les relations

La proxémie

L'anthropologue américain Edward Hall a étudié dans *La dimension cachée* le rôle de l'espace dans la communication et la signification de la distance qui sépare les personnes en société. Dans son analyse de ce qu'il appelle la *proxémie*, il a établi que les variations de distance exprimaient, selon un code implicite commun à tout un groupe, des niveaux distincts de relations interpersonnelles. Aujourd'hui, on reconnaît dans la proxémie un élément fort signifiant de la communication non verbale dans n'importe quelle culture: la distance que l'on établit entre soi et les autres fait tacitement sens et structure diverses formes de relation. Hall a pu distinguer quatre types de distances relationnelles: intime, personnelle, sociale et publique. Ces catégories fournissent une grille d'interprétation interculturelle, l'interprétation devant tenir compte de deux autres variables: *(1)* la fluctuation des limites de chaque distance selon les cultures: par exemple, la distance intime, chez les Américains actuels, est de 40 cm et moins, alors que chez les Arabes, elle est plus courte; *(2)* le rattachement de certains comportements à chaque distance: ainsi, parler fort est typique de la distance sociale aux États-Unis, alors qu'en Espagne, cette attitude verbale se trouve aussi en distance personnelle.

On peut essayer d'adapter ces catégories à la compréhension des œuvres picturales. Les toiles de Lemieux s'y prêtent assez bien, puisque ce peintre joue beaucoup sur la distance qui existe entre les personnages dans l'espace fictif du tableau et lui fait subir des variantes signifiantes. L'étude de la proxémie touche, ici, essentiellement à ce qu'on pourrait appeler le code relationnel, sorte de sous-code morphologique lié à la localisation des figures les unes par rapport aux autres, au sein de l'image.

À ce premier mode de relation, que l'on qualifiera d'horizontal et qui correspond au plan syntagmatique (puisqu'il a trait à la relation des personnages entre eux), on distinguera un deuxième mode pour décrire la distance et la relation qui s'établissent, cette fois, entre le personnage et le spectateur (plus précisément, le picturataire, c'est-à-dire, rappelons-le, le spectateur virtuel), mode dérivé de la visée adoptée, dès le départ, par le picturateur. On peut appeler vertical ce mode qui est de nature paradigmatique. Ce niveau a été étudié en profondeur par la sémiologie visuelle (voir F. Saint-Martin, chap. «Effets de distance et de perspectives»).

Notre approche étant celle d'un modeste sémiographe, subjectif et «ponctionniste» (fétichiste des détails), livré aux aléas de son plaisir, n'a aucune ambition théorique. On se limitera simplement à ce qu'un amateur peut retirer de l'œuvre de Lemieux en convoquant ce qu'il perçoit de ces deux modes descriptifs venus de la proxémique. Notons que les distances fournies par Hall valent pour les Américains actuels, mais elles s'appliquent aussi, sans aucun doute, à peu de variantes près, aux Québécois qui, à cet égard, en sont fort proches.

La distance intime

La distance intime (40 cm et moins) permet l'engagement avec autrui: c'est celle où un personnage est très près d'un autre. La présence de son corps s'impose massivement sur le plan sensoriel: vue, odeur, chaleur, haleine sont perceptibles. C'est la distance des relations amoureuses ou, au contraire, agressives. Ce type de relation est fréquent chez Lemieux, mais le peintre lui confère une tonalité particulière. La relation intime se situe la plupart du temps, et c'est déjà significatif, dehors, dans un paysage extérieur. Voilà ce qui arrive dans *Rencontre* (1968): deux jeunes gens (à caractère androgyne d'ailleurs), vus de profil, sont face à face et se mangent des yeux à quelques centimètres l'un de l'autre, dans l'éclat du plein jour devant le panorama hivernal de la ville de Québec. Ils ont la bouche ouverte et sont sur le point de se murmurer leur amour, voire probablement de s'embrasser.

Deux personnages dans la nuit (1989) propose une disposition comparable, dans une œuvre tardive qui représente une scène urbaine de nuit d'été. Nous sommes de nouveau à l'extérieur, cette fois dans une rue: de profil à l'extrême gauche du tableau, une blonde à collier en robe bleue et, vis-à-vis d'elle, également de profil, à l'extrémité droite, un homme en tee-shirt blanc sont au beau milieu de la chaussée et dialoguent muettement des yeux. Entre eux, il y a deux longueurs de bras; entre eux encore, l'espace gris de la rue, et plus loin, les phares allumés d'une voiture, ainsi qu'à l'arrière-plan la présence lumineuse de la ville et, plus haut, la lune dans le ciel noir. Ces personnages face à face sont en relation personnelle et même intime, mais ils sont mis à distance. On dirait alors deux inconnus qui se voient pour la première fois: rencontre de hasard? contrat de prostitution en négociation? simple fin de soirée où l'on se demande comment se séparer ou continuer? On ne sait. C'est l'énigme. Mais le couple devra se définir vite parce que la voiture qui arrive va bientôt obliger ces personnages à sortir de leur ravissement, à bouger de la chaussée et à défaire leur couplage.

Si l'on en juge d'après ces deux illustrations, la relation intime est ainsi souvent, chez Lemieux, *sur le point* de se produire, ce qui la situe sur un seuil saturé de pathos, avec l'auréole prestigieuse du précaire. L'acte réel d'intimité commence à s'installer, il se prépare sous nos yeux, dans un lieu public, tout palpitant de ses possibles, mais il se conjugue au futur et ne s'étale jamais au grand jour. Il n'aura lieu qu'en dehors du tableau.

Parfois les signaux d'offre de soi sont pourtant assez clairs, mais soit l'autre ne les voit pas, soit il fait semblant de ne pas les voir, la circulation du désir est entravée. Voilà ce qui, apparemment, se produit dans *La servante* (1966), où une femme à moitié nue, en attente de l'amour, laisse indifférente une autre femme qui passe sans même la regarder. Le désir d'intimité sexuelle est explicite, mais les personnages sont figés dans le parallélisme et ne peuvent établir de jonctions entre eux.

Au plan de la relation verticale au spectateur, la relation intime est celle du gros-plan, si fréquente chez ce peintre. Dans *Rencontre*, le haut des têtes chapeautées des personnages dépasse le cadre, tant les figures sont proches de nous. Ailleurs, un visage s'agrippe au bord sud du tableau, au plus près de la zone du spectateur, au point qu'on sent presque sa chaleur et sa respiration (voir le garçonnet de *Petite ville* [1963], par exemple, ou tel autre adolescent d'une *Scène urbaine* tardive de 1989, ou encore le portrait d'Anne, la fille du peintre). Lemieux semble ainsi avoir moins de scrupules à créer une intimité entre une présence et une absence, c'est-à-dire entre le corps fictif et le spectateur virtuel, qu'entre deux présences (les corps fictifs eux-mêmes).

Considéré du point de vue du créateur, le gros-plan haptique que Lemieux affectionne s'associe plus à la sculpture ou au cinéma qu'à l'art du portrait traditionnel: entre le peintre et son modèle, il y avait une certaine distance; en peignant en gros-plan, Lemieux nous montre une fois de plus qu'il ne travaille pas d'après un modèle, ou du moins qu'il brise la distance entre ce dernier et lui, et que ses personnages sont très près de lui, dans sa mémoire ou dans son imagination. Ils sont presque aussi proches de lui qu'un sculpteur peut l'être de la tête qu'il sculpte.

La proximité des personnages dans l'espace du tableau n'a pas le même sens que celle des personnages et du spectateur. Une relation intime entre figures fictives n'a, bien sûr, pas à être forcément en gros-plan. Dans *Pise* (1965) et *L'adieu* (v. 1968), on voit justement, dans les deux cas, deux personnages très proches l'un de l'autre et qui conversent intimement en nous tournant le dos, et donc en créant une autre distance excluante et non communicative avec le spectateur. Dans le premier tableau, deux religieux sont assez loin du picturateur et de nous pour qu'on les voie presque de pied en cap, sous une arcade devant l'imposant baptistère Le Duomo, et il nous serait peu possible d'entendre leur conversation secrète. Ils sont à distance intime l'un de l'autre, mais ils sont en revanche à une distance publique du picturateur et du spectateur.

Dans *L'adieu*, deux figures enfourrurées, vraisemblablement un homme et une femme, sont blotties l'une contre l'autre et apparaissent en buste plus près du spectateur que les religieux de *Pise*, mais sans traits clairement définis, refermés sur leur intimité et leur vive émotion, puisqu'ils sont vus de dos. Ces personnages de *L'adieu* sont sans doute parmi les plus intimes de toute l'œuvre de Lemieux: leur couple forme une petite masse triangulaire dans un de ces paysages d'hiver si horizontalement typiques du peintre, où l'on devine, dans le lointain, la ligne d'une forêt ou d'un rivage qui sépare le ciel dominant et une étendue de neige. On entrevoit la nuque du personnage masculin, entre son chapeau de fourrure et le col de son manteau. Sa carrure cache à moitié l'autre figure, laquelle est de profil. Ces personnages sont très près l'un de l'autre, ils se touchent, s'embrassent peut-être. Le titre *L'adieu* nous indique qu'ils vont se quitter. Nous devons imaginer le reste: la raison de cette séparation, sa durée pressentie, l'émotion qu'ils en éprouvent, le peintre préférant la discrétion à l'hystérie expressive. Dans un dessin plus expressionniste de 1980 intitulé *Le retour*, on a la situation inverse: alors qu'un train s'en va, un vieux et une vieille se retrouvent sur le quai, dans le comble émotionnel, après sans doute une longue absence, et s'étreignent tant bien que mal dans leurs épais habits noirs d'hiver, rappelant ainsi quelque couple de Munch.

Ces scènes pathétiques, d'une grande simplicité formelle, nous permettent de confirmer que l'intimité ne devient forte, chez Lemieux, que dans des moments de transition: imminence d'une séparation ou émoi des retrouvailles. Il est sans doute révélateur de constater que la relation la plus intime (et symboliquement sexualisée) de son œuvre est celle d'une scène mythologique entre une femme et un cadavre, celui du Christ, dans *Le témoin*, la femme étant penchée sur le corps couché et dénudé de la figure divine.

La distance intime est également celle des relations familiales. Lemieux a multiplié, on le sait, les réconfortantes images d'albums où les personnages sont rassemblés et silencieux les uns à côté des autres. La famille occupe une place royale dans son univers imaginaire. Parmi les nombreux portraits de ce genre, citons *Les grandes personnes* (1960), *Dans le temps* (1967), *Un âge va, un âge vient* (1972) — où il s'est intéressé à l'épaisseur temporelle des générations —, *Une famille* (1966) avec le prêtre et la religieuse, membres courants de l'ancienne cellule québécoise, *Paysage* (s.d.) où un homme seul est à distance d'un couple mère-enfant enlacé près d'un arbre, *La visite* (1967) où l'on a le trio de base: père, mère, enfant qui, pour une fois, se touchent. Tous ces portraits ont le statisme des photos officielles. Tous les personnages y sont juxtaposés les uns aux autres pour la pose, sans réelle interaction. Ce qui ressort de ces portraits, c'est en général la rigidité des attitudes, dont l'extrême est, sans contredit, la froideur militaire des parents et du fils de *Chacun sa nuit.*

Dans cet ensemble, *Un album de famille* (1958) est plus particulièrement révélateur: les membres d'un même clan sont placés à une distance anormale entre eux (un bras et plus: donc à distance plutôt sociale), de sorte qu'ils donnent l'apparence d'être dispersés. Cette grande distance s'observe également entre les personnages des tableaux familiaux classiques, tels que *L'été 1914* et *1910 Remembered.* Voilà qui peut surprendre. Cette proxémie singulière entre parents indique qu'ils ne connaissent sans doute pas de vraie cohésion intime. Le passé familial est ressuscité par le peintre avec une apparente fascination, mais avec aussi une nuance sombre, tout compte fait, dans l'image: rappel mélancolique d'une déchirure originelle du tissu familial par celui qui n'a connu que la solitude dans le groupe. Dans la plupart des portraits collectifs, il y a en outre un enfant isolé des autres, négligé par les adultes, forcé à l'indépendance ou livré à une relative liberté ou encore abandonné à sa destinée. Comme il n'est jamais un centre d'attention pour les parents, l'enfant a, de tous les personnages de Lemieux, le regard le plus communicateur, celui qui nous interpelle le plus, est capté par notre présence et nous capte: ses yeux semblent remplis de questions qu'il souhaiterait nous poser.

Quant à la relation avec le spectateur, dans ces tableaux familiaux, seul l'enfant a une relation personnelle avec nous et établit ainsi son propre réseau proxémique, en dehors du cercle de ses proches. Une exception dans toute l'œuvre familiale de Lemieux: une scène intime rare qui montre une jeune mère heureuse de tenir son bébé contre elle dans ses bras (*Mère et enfant*, 1959), écho profane du motif de la vierge à l'enfant, si important dans l'ancienne culture catholique traditionnelle (*cf.* Porter *in* Trudel, 133s).

La distance personnelle

La distance personnelle (de 45 cm à 125 cm) est celle dans laquelle les personnages peuvent encore se toucher et discuter de sujets intimes. C'est l'écart limite de la sphère privée. Cette distance autorise les contacts affectifs et amicaux, mais non les contacts sociaux. Le point extrême de cette distance se traduit par l'expression anglaise: tenir quelqu'un «at arm's length» (à distance d'un bras). C'est encore là un type de relation fréquent chez Lemieux. Cette relation définit, par exemple, fait surprenant à première vue, la plupart de ses couples, tels qu'ils sont représentés isolés du contexte familial: ils devraient normalement avoir développé une relation intime, mais ils semblent n'avoir réussi qu'à instaurer une proximité physique, identique à celle qui devait régner dans leur famille respective. Tout en restant proches ou, du moins, associés, ces couples se caractérisent par leur froideur. Ils sont ensemble, mais ne se touchent guère et n'ont apparemment aucune complicité. *Les noces d'or* (1966) offre une illustration de ce type de relation. Deux vieillards sont assis sur une banquette ocre, à distance d'un bras l'un de l'autre, comme pour une photo souvenir: la dame a posé ses mains sur ses cuisses, l'homme a les bras à demi croisés sur son abdomen. Le langage du corps est en soi éloquent: les mains verticales et descendantes de la femme et celles, horizontales, de l'homme envoient des signaux de communication divergents. Ils sont ensemble, mais étrangers l'un à l'autre. Leur long mariage de cinquante ans les a à peine rapprochés. C'est une relation fondée sur le devoir et la religion. Entre eux, un crucifix au mur semble les lier et montre l'importance capitale, pour ce couple et pour l'ancienne société conservatrice, de l'institution religieuse en tant que facteur de cohésion maritale et familiale. *Les noces de juin* (1972) contiennent une critique plus acerbe du mariage, où la gaieté et les vertus de la communication sont absentes et où une relation d'intimité n'est guère possible. Les mariés se touchent à peine de l'épaule, comme dans une foule. Ils semblent mal préparés et peu disposés à une intimité ultérieure. Les autres figures ont une relation personnelle, mais, ironiquement, l'interaction la plus animée a lieu là où l'accouplement intime n'est, en principe, pas socialement autorisé dans l'univers catholique: entre une femme et un religieux.

Souvent même, on pourrait dire des couples ordinaires de Lemieux, tel celui des *Noces d'or*, qu'ils n'ont de relation ni intime ni personnelle, mais seulement sociale (ce qui constitue une étrange distorsion de la proxémie) et qu'ils se comportent de la même manière que les couples froids des portraits officiels, dont celui du gouverneur général Jules Léger et de Madame, ou celui de la reine Elizabeth et du prince Philip.

La Floride (1965) propose un couple proche de celui des *Noces d'or*: deux vieillards sur une plage posent comme pour une photo touristique; elle a les bras ballants, lui les a joints dans le dos; aucune main n'est apparente; entre eux, une distance spatiale d'un bras (et ici c'est un abîme), qui ouvre derrière sur le spectacle d'un enfant en maillot occupé à jouer sur la plage. Là où le crucifix unissait le vieux couple des *Noces d'or,* ici la présence de l'enfant pointe une autre justification du mariage: la reproduction de l'espèce et la succession des générations. Autrement ces touristes floridiens incarnent, dans un terne éclat, l'ennui indissoluble d'une relation où personne ne s'épanouit, où le désir mutuel est évacué, où la communication a plafonné. On pourrait penser que, d'après les deux précédentes illustrations, l'âge, chez Lemieux, est le facteur d'usure des relations et de distanciation par excellence. Un dernier exemple suffira peut-être à démontrer qu'il n'en est rien.

Observons donc, pour comparer, une relation beaucoup plus jeune dans *Le couple* (v. 1962), qui présente peut-être ce que deviendront les mariés des *Noces de juin* (1972), la chronologie des œuvres important peu ici: un homme de profil en amorce sur la gauche, figé dans une attitude rigide avec blazer de toile, cravate jaune et chapeau de paille, est à distance intime de sa compagne présentée de face, en robe blanche à manches courtes et coiffe blanche. Mais l'intimité de la distance ne crée pas entre eux de relation intime. Ils sont coincés, engoncés dans leur vêtement du dimanche, ont les bras pendants, ne se touchent pas. L'homme a l'air de la regarder. Peut-être la désire-t-il et en est-elle ahurie ou refuse-t-elle ce désir. Ils ont la bouche cousue et on imagine que, dans la vie quotidienne, ils ne se parlent qu'au minimum.

Bref, ce qui est devenu une caractéristique de l'interaction dans la société québécoise francophone d'après la Révolution tranquille (la levée des interdits sur le toucher et la libre expression de soi) est ici absent: voilà donc un corps «d'époque» (comme on dit d'un meuble, et c'est une œuvre d'art en un sens), c'est-à-dire un corps artificiel du passé québécois, sorti tout droit de l'idéologie conservatrice puritaine du premier tiers du siècle.

On peut encore observer la distance personnelle au sein de certains regroupements de personnages. Voyez, par exemple, *Les Ursulines*, célèbre grappe de six religieuses au milieu d'un jardin de couvent. Or ces figures n'interagissent pas vraiment (à l'exception d'une seule qui offre des fruits à une autre qui lit), et ne profitent pas ainsi de la distance personnelle. La même absence d'interaction apparaît dans *La fête au couvent*: sept prêtres sont à table dans le jardin, alignés comme des sardines d'un seul côté de la table (ce qui décourage l'échange) et deux religieuses sans visage s'affairent à les servir. Les contacts amicaux ou fraternels sont rendus implicites. Voilà qui, sans doute, contribue à créer le climat de froideur des tableaux de Lemieux.

Au plan de la relation avec le spectateur, dans la distance personnelle, les traits physionomiques du personnage et ses membres supérieurs apparaissent clairement: tel est bien le cas, par exemple, des enfants de *L'été 1914* ou des couples évoqués plus haut ou encore de la majorité des portraits qui sont au moins à un bras de distance du spectateur idéal.

La distance sociale

La distance sociale (de 1,20 m à 3,60 m) place les personnes loin les unes des autres, hors de portée du toucher et de la voix normale. C'est la distance observée dans les relations professionnelles. Les individus sont suffisamment éloignés pour ne pas pouvoir s'atteindre et devraient hausser légèrement la voix pour se parler. Chez

Lemieux, cette relation est celle des figures qui, par exemple, sont liées par la même activité (voir les divers sous-groupes dans *La Fête-Dieu à Québec*, 1944) ou travaillent ensemble, comme dans les scènes collectives de labour et d'ensemencement (*La grande terre*, 1960) ou de cueillette des bleuets ou encore comme dans les occupations domestiques (*Les servantes*, 1953). La distance sociale est aussi celle des réunions informelles: ainsi sur la place de l'église dans *L'hiver* ou dans le panneau central du triptyque *La paroisse* (v. 1972-1974). C'est encore celle où un personnage focal est en relation impersonnelle avec d'autres, tel *Les deux cavaliers* (1972): deux garçonnets à cheval, l'un à droite au second plan, l'autre à gauche à l'arrière-plan, accompagnent une jeune fille qui est au premier plan.

La distance sociale avec le spectateur serait celle qui, parce que la perspective les situe trop loin dans la profondeur du tableau, empêche les personnages d'instaurer un dialogue personnel avec nous, comme dans *Les moniales* (1965) ou *Les servantes*, et nous libère d'une potentielle contrainte d'interaction subjective avec eux: nous pouvons alors mieux les réifier en objets d'art.

La distance publique

La distance publique (à partir de 3,60 m) définit celle où l'individu n'est plus personnellement concerné. Elle exclut toute éventualité de contact physique. Elle s'observe dans les apparitions publiques des personnalités officielles ou des célébrités. Chez Lemieux, on voit cette relation s'afficher dans les grands groupes, tels les fidèles dans l'église de *Lazare*, ou les foules urbaines du *Temps de Noël*, de *Montréal l'hiver* ou des *Promeneurs* (1963), notamment, ou les passants de la place publique du *Camion rouge* (v. 1989).

Dans cette relation publique, domine également le style formel, comme le sermon du curé dans *Lazare* (1941); la hiérarchie sociale se réinstaure entre les figures (ainsi d'une dame assise et d'une serveuse de restaurant dans *Le dessert*); les rapports des personnages deviennent officiels, tels ceux du *Conseil du village* (1936), et la communication, non verbale, comme dans *La Fête-Dieu à Québec.*

La relation publique apparaît surtout dans les foules. Pour Lemieux, la foule signifie immédiatement la vie urbaine, avec toutes les négativités qu'elle comporte à ses yeux. Le peintre résume lui-même ce qu'il pense des masses de gens, dans une toile tardive dont le titre dit tout: *L'enfer, ce sont les autres* (1987), tableau qui représente un attroupement bruyant entassé derrière un leader angoissé.

Au plan paradigmatique, entre le spectateur et les personnages, la distance publique serait la plus grande: quelque proche que puisse être le spectateur de la toile, les personnages sont posés très loin de lui. On retrouve cette forte distance dans certaines œuvres tardives de Lemieux qui mettent en scène un climat belligérant: *Le soleil de la guerre, Dies iræ,* où les figures sont placées à distance lointaine de nous dans l'espace du tableau. L'œuvre de Lemieux dénonce ainsi, de toile en toile, le triomphe progressif de la relation anonyme et indifférente dans le monde moderne.

La distance spatiale

À ces catégories inspirées de Hall, il faudrait en ajouter une nouvelle: la distance spatiale, où le personnage est représenté seul dans un paysage désert, en relation seulement avec l'espace, avec la nature, et sans relation personnelle visible avec quiconque en particulier, sauf avec les autres êtres dont la présence est implicite dans l'image (et sauf bien sûr avec nous, les spectateurs). Voir *Le visiteur du soir*, à la fois proche de nous et, selon toute apparence, de son but — le mourant, à qui il vient porter les derniers sacrements, et la famille, ici invisible mais supposée, qui doit l'accueillir. Voir encore le penseur solitaire de *Tourné vers le cosmos*, seul face au ciel étoilé et à l'immensité de l'univers, en relation intérieure profonde et fraternelle avec la communauté universelle, et en interaction minimale avec nous.

Il peut arriver qu'une distance intérieure se spatialise, se définisse en termes proxémiques et détermine une relation picturale: ainsi, celle qui devrait être personnelle ou intime, mais qui ne l'est pas, entre une mère et son fils dans *Hommage à Nelligan*, où le poète Nelligan évolue bien à l'écart de sa mère, qui le suit discrètement, comme si elle le surveillait. «Je suis toujours petit pour elle, quoique grand», écrivait Nelligan dans *Ma Mère*. La distance la plus importante devient celle de l'intériorité. Et nul doute que Lemieux a transposé, ici, sa propre relation d'enfant à une mère surmoïque et à un monde familial d'où le père est absent.

*

* *

Que dégager de ces quelques observations rapides? Il apparaît que cette petite analyse de la proxémie de Lemieux révèle un message silencieux: les relations intimes et personnelles entre les figures ont souvent les attributs des relations sociales (ce qui perturbe le code) et se caractérisent par la pudeur, la froideur et l'absence d'interaction dialoguée et gestuelle, et cela, même dans la plus grande proximité. Lorsqu'elle apparaît, l'intimité est fugace, liée à des instants passagers propices, par leur précarité, à une intense expressivité: départ, arrivée, mort. L'intimité est événementielle, ce qui indique qu'elle ne fait pas partie des habitudes et de la vie courante des personnages. Milieu naturel où l'affectivité pourrait normalement s'épanouir, la famille de Lemieux n'offre pas assez de cohésion interne et de nidation: elle tient ensemble, moins par conviction que par nécessité sociale, moins par vitalité intrinsèque que par une force qui lui est extérieure, celle du poids idéologique. Mais ce milieu est pourtant chargé d'expressivité latente, il est riche en pathèmes. Le fait de le convoquer si souvent dans les tableaux en en rassemblant les membres épars a dû assurément avoir un effet réfecteur pour le sujet peignant, dans la mesure où il a pu le consolider imaginairement et lui conférer le statut d'image durable.

Les relations apparemment froides que décrit Lemieux sont celles d'une société du devoir qui n'existe plus, mais qui était sans doute celle des Québécois jusqu'au milieu des années 1960. Ces relations sont en décalage par rapport à la culture contemporaine des toiles. Elles ont une certaine valeur documentaire sur la proxémie de l'époque. Cette ouverture sociale n'empêche pas, bien sûr, que ces visions soient aussi celles, très personnelles, d'un peintre qui s'attache à réinventer un moment capital de son histoire subjective. Notons que, dans les toiles tardives, dont on n'a pas besoin de rappeler le caractère pessimiste, une valeur subsiste: la fraternité. Les personnages sont toujours deux ou plusieurs. Les solitaires sont désormais accompagnés. Image emblématique de la fin: dans *Les gémeaux* (1983), deux enfants se tiennent enfin par la main.

10
Les activités

Le travail

À part être mariés, père, mère, enfant, à part être progéniteurs ou religieux, que font les personnages de Lemieux? Nous l'ignorons le plus souvent. Leur fonction sociale ne s'inscrit pas vraiment dans leur vêtement, sauf évidemment quand ils portent l'uniforme religieux. Ici et là, quelques métiers et professions de service sont tout de même clairement campés: outre les religieux et religieuses de tous ordres et de tous rangs, de l'enfant de chœur au pape, il y a les cultivateurs de *La grande terre*, les petits commerçants de *Port-au-Persil* ou ceux du marché de plein air des rives du Saint-Laurent dans *Québec*, les ouvriers d'usine (supposés par la présence de l'Anglo Pulp dans la même fresque), les croque-morts de *Lazare*, les domestiques dans *Les servantes*, *La servante* ou dans *Les noces de juin*, les mécaniciens de *Ville*, les défricheurs, les facteurs et les enseignants dans les estampes de *La petite poule d'eau* et de *Maria Chapdelaine*; les médecins et les infirmières dans la murale *Médecine* de l'Université Laval. Malgré ces évocations, les réalités du travail ont plutôt tendance à être évacuées par Lemieux. Raison supplémentaire qui fait qu'on ne peut pas parler ici de réalisme dans la représentation. La plupart du temps, le peintre montre ses personnages endimanchés, libérés des obligations du gagne-pain.

Le corps du loisir

C'est donc surtout le corps du loisir qui a droit de cité. Le loisir n'est pas l'oisiveté: il ne rejette pas le travail, puisqu'il le suppose. Il correspond à une libération périodique de l'emploi ou de l'école, à la fin de la journée, de la semaine ou de l'année (Poirier, *Histoire des mœurs*, II, 1190). Tel est ce temps de loisir, discrètement festif, qui intéresse plus particulièrement Lemieux. C'est un temps qui favorise les relations parentales. Les personnages s'y abandonnent au cycle des retrouvailles familiales: on s'est habillé, par exemple, pour rendre une visite dominicale aux proches (*La visite*, 1967), pour aller à la messe (*Lazare*, 1941), pour pleurer un décès (*La mort par un clair matin*, 1963), pour célébrer un mariage (*Les noces de juin*, 1972) ou tout simplement pour le plaisir gratuit, et bien proustien, si fréquent dans le monde de Lemieux, d'une promenade (*L'été 1914*, *Terrasse Dufferin* ou *Promenade 1907*). Ici encore, Lemieux conçoit l'œuvre d'art comme objet de civilisation.

Le corps du loisir est également celui, soustrait à ses obligations familiales et à ses devoirs spirituels, qu'on saisit dans une activité de plein air: que ce soit en pique-nique (*Le pique-nique*), ou à la plage (*Floride*), ou pour un jeu (*La partie de cartes*, 1932) ou le hockey dans la rue

(*Congé*). Le corps du loisir pratique aussi quelque sport individualiste tel que le patinage ou le ski, la chasse ou le cheval, voire, plus rarement, une activité de groupe comme le croquet, le yachting (estampes de *Time Remembered*), ou la danse (dans *Yukon*). Enfin, raffinement davantage distinctif, le corps a atteint une certaine habileté artistique, majeure ou mineure: le musicien, le magicien, l'art devenant tout naturellement la forme par excellence du vrai loisir, tout entier orienté vers la réalisation de la personne: ainsi de la pianiste dans *Le tapis rouge.*

On a sans doute exagéré la dimension du silence chez Lemieux. Certes, il s'agit d'un univers de confort acoustique où la violence du bruit n'existe guère, sauf pour la dénoncer. Mais nombre de ses toiles sont en fait très sonores, avec, au premier plan, la musique qui accompagne tout événement joyeux: une réunion familiale (*Musique en famille,* 1905, estampe), une fête (*Mi-Carêmes*), une célébration religieuse (le jubé de *Lazare* avec son chœur et son orgue) ou une naissance (*Nativité*) — car on naît toujours en musique chez Lemieux. La musique est non seulement présente sous la forme d'instruments à cordes, à percussion ou à vents, mais s'incarne aussi sous celle de chanteurs ou de danseurs et s'abrite sous des kiosques à musique (micro-espaces privilégiés ici, qui sont toujours vides, il est vrai). La musique n'est pas le seul son qui émane des toiles de ce peintre: on y parle aussi, peu cela va de soi, mais ces paroles se soutiennent d'actes. Dans *L'Annonciation,* un ange, le doigt de la main gauche levé, prodigue sa bonne nouvelle la bouche ouverte. Dans *Lazare,* un prêtre prêche avec force gestes à ses fidèles, comme pour couvrir le fracas des avions et des fusils. Les religieux sont des êtres de parole: on les voit ici, invectiver (*Le pique-nique*), là, bavarder (*Les Ursulines, Pise*). Dans ses toiles primitives, Lemieux a cependant pu produire des caricatures qui illustrent tout le mal qu'il pensait du verbiage inutile (*The Birds I Have Known*). Sa période tardive fait surgir enfin le cri d'angoisse. Deux tableaux, *Femme au collier* (v. 1988) et *Angoisse* (1988), pourraient résumer cette phase: on y montre deux personnages féminins qui se bouchent les oreilles parce qu'elles sont fatiguées d'entendre le vacarme de la ville. Si le silence est si présent dans le monde de ce peintre, c'est surtout parce qu'on l'écoute. Les figures de Lemieux ont une oreille sensible: devant le ciel étoilé, elles mobilisent leur ouïe autant que leur vue (*Tourné vers le cosmos*).

Angoisses du loisir

Le plus souvent, Lemieux plante des personnages sans occupations particulières au cœur d'un décor désert. Les titres sont révélateurs: *Paysage avec personnage* (1963), *Garçon dans un paysage* (1974). Alors ces êtres n'ont aucune autre justification que celle d'être là, que celle de se mettre en rapport avec la nature, et que celle d'advenir à l'art. Du coup, l'accent se porte sur le langage pictural: sur la relation particulière de la figure avec les formes, l'espace, les couleurs, les lignes. Ce que la critique spécialisée a abondamment commenté.

Ce temps de loisir n'est cependant pas toujours heureux. Du groupe des *Promeneurs* (1963), par exemple, se dégage une impression d'affairement insensé: les personnages sont pressés sous la pluie, leur pas est énergique. D'un air décidé et hostile, ils marchent à la rencontre des uns et des autres et semblent sur le point de se heurter. Une vieille dame courbée sous un parapluie surveille l'imminence de l'affrontement. L'espace est restreint: il y a trop de monde sur le trottoir et le cadre du tableau ne pouvant pas les intégrer tous, quelques-uns débordent de la toile et certains chapeaux sont tronqués. Ainsi, une promenade, qui aurait pu être paisible, se transforme en une situation agressive et rappelle que l'enfer ce sont bien les autres, comme le dit bien le titre d'une toile tardive dont le sujet est une manifestation (l'activité militante ne pouvant être que négative pour le peintre).

Lemieux a aussi abordé l'oisiveté bourgeoise, mais sous des teintes sombres. Les privilégiés de la fortune ne sont pas plus heureux que les moins nantis. Cette classe s'incarne souvent sous la forme de femmes, en général, extrêmement seules et livrées à l'ennui du désœuvrement. Voyez, par exemple, *Five O'Clock*, toile décrite dans le chapitre sur l'Ailleurs. Cette oisiveté immense est entretenue par le travail des autres: les domestiques, si présents chez Lemieux, et les maris, si absents... Ces castes oisives cherchent parfois à meubler leur temps libre d'activités mondaines, comme les repas au restaurant. On est alors soit seule (*Le déjeuner*), soit entre femmes (*Country Club*); mais de ces scènes, émane une subtile atmosphère corrosive. Dans le cadre champêtre de ce dernier tableau, par exemple, deux femmes élégantes à chapeaux bavardent à une table ensoleillée devant des assiettes frugales. L'une, de profil et les mains sous la table, se penche vers sa voisine, comme pour se confier ou poser une question indiscrète (autre sens du corps incliné: le travail de l'interlocution). Sa compagne, de face, son coude gauche sur la table et la joue dans la main droite, est réservée, toute son attitude corporelle suggérant la méfiance et la fermeture. L'oisiveté ne s'associe donc pas toujours à une interaction détendue et ne permet pas vraiment d'échapper à l'altérité aliénante.

Le corps mondain

Si l'enfer c'est les autres, voilà peut-être pourquoi le corps mondain, c'est-à-dire en situation sociale et oisive comme celle d'un cocktail par exemple, ne bénéficie d'aucun ménagement chez Lemieux. Voyez le cruel *Beau monde* (1969) qui rassemble une foule dans une vaste salle anonyme: les personnages y ont une mine à la fois guindée et cadavérique qui rappelle les inoubliables vieillards du *Temps retrouvé* de Proust. Il s'agit d'une soirée habillée avec smokings, cravates blanches, médailles à la boutonnière, robes décolletées, rangs de perles, coiffures strictes lissées sur le crâne. Mais les invités n'ont pas un air de fête: ils sont crispés, ne sourient pas, évaluent impitoyablement les autres en retroussant le nez; l'âge pèse sur la plupart d'entre eux; leurs yeux caves les rapprochent de la tombe; chacun est profondément seul au sein du groupe; et le moins qu'on puisse dire, c'est qu'ils ne font pas envie. Le regard du peintre sur ces mondanités est particulièrement féroce. Il y a donc, à ses yeux, une mauvaise oisiveté, celle qui débouche sur des relations inauthentiques. Ajoutons aussi que l'âge avancé des personnages évoque ici le thème, important chez Lemieux, du corps retraité. Là encore, le peintre fait de l'œuvre d'art un objet de civilisation dans la mesure où il voit avant la société les problèmes qu'entraîne le vieillissement croissant de la population: dans le monde du peintre, les individus ne sont pas préparés à l'oisiveté de la retraite. On isole et marginalise les personnes âgées, on ne les intègre pas comme force vive au progrès du groupe. On laisse les tâtonnements de l'expérimentation triompher sur les acquis de l'expérience. La société de loisir du peintre n'est pas encore organisée autour de la télévision, du camp de vacances, du voyage en groupe ou des parcs d'attraction, ce en quoi elle ne correspondrait pas à la société québécoise de son temps (si l'on en juge d'après ce qu'en a dit Ricard, 65).

Le corps élégant est-il, au contraire, représenté seul, il acquiert alors aussitôt toute la splendeur d'un corps beau, détaché des fatigues du travail bien sûr, mais aussi des impedimenta de l'oisiveté laborieuse. Il se gonfle d'un sens tout à fait autre et devient notamment l'emblème de la distinction féminine: ainsi dans *1914-1964* ou avec *Miss Knight.* À cet égard, Lemieux nous a fourni de délicats portraits de femmes gracieuses qui ont leur place dans la galerie imaginaire des grands portraits du monde de l'art. Après les odalisques d'Ingres, les vahinés de Gauguin, les sensuelles de Renoir, les figures effilées de Modigliani, voici les immortelles élégantes de Lemieux.

Prises de nourriture

Parmi les multiples nécessités pratiques de la vie quotidienne, l'une jouit des faveurs du peintre: le repas. Quelques œuvres montrent cette activité, mais elles ne sont pas assez nombreuses pour élaborer une sorte de gastrocritique consistante de Lemieux. Cependant, ces indications suffisent, à une petite sémiographie d'amateur, pour dégager le rôle de la nourriture dans son univers.

Si le repas est un acte grégaire ici, en revanche ce n'est guère un moment de joyeuse communication et de détente. La table de Lemieux est plutôt ascétique: elle est essentiellement frugale, silencieuse et hiérarchisée.

Un idéal de frugalité s'inscrit au centre des nappes et des tableaux du peintre. Les fruits semblent être les aliments favoris de ses personnages; voilà, du moins, ce qu'on mange dans *Country Club* ou dans *Le dessert* et ce qu'on offre dans *Les Ursulines.* Le compotier règne toujours, ici et là, bien rempli. Ainsi pour *La fête au couvent* (1955), où avec les fruits, tout, sur la table, est blanc, gris et bleu: la nappe, les assiettes, les plats, la grande soupière centrale, les bouteilles, les carafes d'eau, les verres, les couverts, tout étant presque monochrome et d'une fadeur ascétique. Dans *Pique-nique* (1944), treize fillettes et deux religieuses vont se partager six paniers de victuailles, mais sur la nappe étalée dans l'herbe, c'est la frugalité qui s'impose: multicolores (rouges, jaunes, bleus, gris), les fruits dominent. Le sème Santé semble être le mot d'ordre alimentaire qui dicte la cuisine minimaliste des œuvres. Lemieux serait-il donc le peintre de la diète à table? C'est d'ailleurs plus une collation que ses personnages prennent qu'un repas substantiel. Il y a même des scènes qui se déclarent comme telles: *Five O'Clock* ou *Cup of Tea* (dans cette dernière, une vieille, en robe noire au cou et collier de perles, tient simplement une tasse de porcelaine dans sa main osseuse). L'on se trouve souvent, du point de vue temporalité, soit à l'orée du repas (on s'apprête à manger: voir *Les noces de juin* dont les convives attendent pour entamer leur assiette que le serviteur arrive avec le vin; ou *Le pique-nique* où on l'on est en train de mettre les couverts), soit à la fin, quand on en est au dernier service (*Le dessert*). Nous sommes donc toujours à la périphérie du repas, jamais au centre. Ce qui contribue à l'alléger. Une fois de plus, l'œuvre d'art est, comme on le voit, objet de civilisation: les valeurs alimentaires qu'elle véhicule correspondent assez à celles qui se répandront dans la société québécoise d'après la Révolution tranquille, et davantage après 1980.

Le deuxième trait de cette table ascétique, c'est son caractère silencieux. Nous sommes, ici, à l'opposé des débordements carnavalesques de quelque grande bouffe. Dans *Le déjeuner* (1954), une jeune fille est assise sans appétit devant son plat pendant que sa mère debout lui tourne le dos, absorbée qu'elle est peut-être à desservir. Une autre toile peinte en 1965 porte le même titre et montre une femme seule, au collier de perles et à bonnet pointu, qui attend d'être servie à une table. Le repas n'est pas une occasion d'échange convivial. Lemieux dispose souvent ses prises de nourriture dehors et, d'une manière scénique, à des tables de réfectoire ou de banquet, le long d'un côté desquelles il aligne tous ses invités (voir *La fête au couvent*, *Les noces de juin*), ce qui décourage l'interlocutoire. On reviendra plus loin sur cet aspect.

Enfin, la prise de nourriture instaure souvent, chez lui, un espace hiérarchique: c'est-à-dire qu'elle implique une personne qui en sert une autre (ou plusieurs). Voyez, outre les deux servantes empressées de *La fête au couvent*, des toiles qui s'intitulent *Les servantes* (1958) et *La servante* (1966): dans les deux cas, on nous propose une scène d'intérieur au cours de laquelle une femme porte un plateau vers une autre pièce à une personne invisible. Dans *Le dessert*, une femme solitaire devant son assiette exprime ses désirs (ou ses ordres) à une serveuse décadrée. Chez *Les Ursulines*, c'est une religieuse qui vient offrir sa corbeille de fruits aux sœurs du cloître, frugalité qui ajoute une touche ascétique supplémentaire à l'aridité du décor et de la situation. Au banquet des *Noces de juin*, on voit le serviteur s'approcher du groupe auquel il doit servir le vin. Même dans *Le pique-nique*, la mise en place de l'aire restaurante sur l'herbe est l'objet d'un geste d'autorité de la religieuse qui surveille l'activité et donne ses instructions.

Au surplus, on peut rappeler que la dispensatrice (maternelle) de nourriture, chez Lemieux, n'a souvent pas de visage: ce détail se vérifie, par exemple, dans *La fête au couvent*, dans *Les servantes*, dans *Le déjeuner* (où la mère nous tourne le dos), voire chez la jeune fille qui dresse la nappe de *Pique-nique* et dont le chapeau de paille cache la figure.

Malgré le peu d'œuvres consacrées aux prises de nourriture, on devine tout de même, à l'aide de signes enfouis dans les fibres de la vie quotidienne des personnages, toute une philosophie de l'alimentation.

La sexualité

Au thème de l'oisiveté, se rattache également le corps sexué. La sexualité, il est vrai, est ici extrêmement légère et discrète, si bien qu'elle n'existe pour ainsi dire pas. L'œuvre de Lemieux est puritaine. La scène explicitement sexuelle en est bannie. L'érotisation se ramène à la nudité, et encore: à celle, chaste, de l'adolescence ou de l'enfance (voir *Petit nu rose*, *Les gémeaux*, *Jenny*, *Le cavalier nu*). Lemieux n'est pas le peintre de la sensualité, ni celui de la transgression. Le nu n'y est pas l'emblème de la beauté, du pouvoir, de l'énergie, mais plutôt celui de l'innocence. Parfois le nu peut exprimer l'offre, l'angoisse, la tristesse, jamais l'extase. La fragilité ou la mort oui, pas l'amour.

Ses couples les plus électriques sont les vacanciers qu'il met en scène sur ses plages. On pense, en particulier, au coup de foudre de *Plage américaine*, où un jeune homme et une jeune femme se dévorent des yeux (le regard est à nouveau l'instrument privilégié et direct de la communication; point de place, dans cet univers du silence parlant, pour la fausseté médiatrice du baratin): voilà une scène de première vue qui pourrait rejoindre celles qu'a analysées Jean Rousset en littérature. Un scénario érotique semble ici s'amorcer, mais il se développera peut-être plus tard, en dehors du tableau. Tout en étant parent avec l'univers de Balthus ou de Hopper par l'exploitation des thèmes de la solitude, de l'angoisse existentielle, de la mort, de l'ennui, Lemieux s'en écarte radicalement sur le plan de l'érotisme. Avec lui, nous sommes loin des êtres torturés par la sexualité de Hopper ou des vives incarnations de Bacon ou des énergiques transgressions de Balthus. Mais un même fond étrange unit pourtant ces quatre peintres, qu'on a le droit, à tort ou à raison, de situer sur le même rayon de l'imaginaire.

La fête

Le corps du loisir est également celui que l'on voit en situation de fête. Dans la société québécoise traditionnelle, la fête était le fait d'une civilisation rurale où dominaient les valeurs collectives et religieuses. Dans ses premières toiles, dont *La Fête-Dieu à Québec*, Lemieux s'est attaché à ces dates fixes et ritualisées. C'est la fête institutionnelle, réglementée par les autorités sociales, religieuses ou séculières. Les réjouissances sont indissociables des cérémonies et relèvent du culte plus que du vrai loisir.

Mais la société moderne, de plus en plus urbanisée, a sécularisé la vie collective. Les fêtes calendaires, chez Lemieux, ont de toute évidence un contenu à dominante profane: *Le temps de Noël*, par exemple, met l'accent sur la morosité dépoétisante de la course à la consommation; *Les noces de juin* dévoilent le rite du mariage tel qu'il s'était dégradé dans les années 1970: conformiste, creux, sans âme et profondément triste, voire tragique. Ce pour quoi sans doute les Québécois d'alors enregistraient le plus bas taux de mariage au Canada et le plus bas taux de natalité au monde! Seul, l'univers rural semble sauvegarder, aux yeux de Lemieux, quelque fond véritablement festif: seul, il sait célébrer la joie de vivre en dehors des conventions ennuyeuses et des bonheurs obligatoires de la fête institutionnelle. On retrouve des fragments de cette spontanéité heureuse dans *La visite du jour de l'An* (1971), où, au premier plan, un homme tient sa femme par le cou en se dirigeant, avec de nombreux autres personnages en ordre dispersé, vers la maison de ferme où l'on trinquera dans l'intimité, avec ceux et celles que l'on aime.

La joie est encore plus immédiate dans *La fête*, estampe de *La petite poule d'eau* où, sur une piste en plein air, une multitude de couples enlacés dansent pour le plaisir d'être ensemble, sans qu'un rapport soit clairement établi par le peintre à quelque jour férié. Même danse euphorique dans l'estampe qui représente le *Yukon* dans la série *Canada/Canada*.

Ce bonheur simple et primesautier est bien loin de l'ascétique *Fête au couvent* (1955), où sept religieux tassés les uns sur les autres mangent dehors, ce qui est déjà légèrement festif en soi, mais sans plaisir apparent et en faisant face à un mur sinistre. Le titre ici a un sens un tantinet ironique, qui ressort de la confrontation avec l'image. On nous y dit ainsi que la «fête» dont il s'agit est une notion bien relative.

En marge des deux grandes formes de festivités, la forme institutionnelle et la forme profane, Lemieux a pu en imaginer une autre sorte, démarquée du caractère cérémoniel et divertissant: la fête onirique. Étrange, énigmatique, le tableau intitulé lui aussi *La fête* (1963) représente ce moment surréaliste qui fait songer à l'univers de Paul Delvaux. Cette fête a lieu dans un bois domestiqué par une nuit lunaire, en dehors des événements naturels et du calendrier social. Des figures déguisées portant des chapeaux originaux, et rappelant clowns, arlequins et mi-carêmes du monde de Lemieux, se trouvent réunis dans cette célébration du rien et errent sans liens, tels des somnambules, entre des arbres stylisés sans feuillage, devant un kiosque à musique (la musique étant toujours présente dans les fêtes du peintre et souvent, rappelons-le, sous la forme de ce kiosque archétypal). Quel est le sens de cette fête insolite? Fête sublime ou mystique? Magique ou occulte? Peut-être. Fête idéale? Assurément pas, puisqu'il n'y a aucune communion entre les participants: tous sont à bonne distance les uns des autres, figés dans des poses extatiques, chacun étant rigidement refermé sur soi et seul, dans une atmosphère froide. Est-ce une critique de la fête moderne où il n'y a plus carnavalisation des rapports, d'où le sens de la communion serait évacué? Est-ce une autre image métaphorique de la famille? Quoi qu'il en soit, nous sommes à mille lieues de la Fête des toiles primitives.

Si l'on voulait être complet, il faudrait aborder le thème riche, ici, du *dimanche*, jour horizontal et très proustien s'il en est, jour d'inactivité réglé. C'est sans nul doute le moment préféré de la semaine chez Lemieux. Ses personnages sont toujours plus ou moins endimanchés, parfois coincés sous des vêtements trop empesés ou trop étroits, sous les baleines et les corsets, et associés à des activités dominicales (la messe, la promenade, la visite). Ils se retrouvent en groupe pour quelque fête familiale (voir *En Famille* de 1931, par exemple). Ce sont des êtres du sabbat et qui voteraient probablement pour que la vie se transforme en dimanche perpétuel: pour prolonger un jour de communion intime, pour étirer des instants métaphysiques et contemplatifs, pour éterniser le jour du repos et de la flânerie. Contrairement aux apparences, l'univers de Lemieux se rapprocherait, par là, de penseurs anticonformistes, tel Cioran qui a eu de belles pages, hésitant entre la promotion et la dévaluation, sur les dimanches de la vie: «Spectateurs de l'épilepsie humaine», écrit ce dernier, peu enclins à «la tentation avilissante des besognes», «les désœuvrés saisissent plus de choses et sont plus profonds que les affairés: aucune besogne ne limite leur horizon; nés dans un éternel dimanche, ils regardent — et se regardent regarder. La paresse est un scepticisme physiologique, le doute de la chair. [...] miraculeuse survivance du paradis.» (*Précis de décomposition*, 34-35)

Il y aurait beaucoup à dire sur la place de la paresse dans les œuvres de Lemieux, comme d'ailleurs dans la littérature québécoise. Elle n'est pas, ici, une inertie du type Oblomov, ni une mauvaise volonté fainéante comme celle du libraire de Bessette. Elle est plutôt une paresse d'apparat, une sorte d'endimanchement de la vie. L'importance que prennent le dimanche et ses somptuosités démontre à nouveau que Lemieux n'est pas un peintre de l'école réaliste: le réalisme a des connotations morales de misérabilisme et s'intéresse davantage à l'humilité laborieuse de tous les jours plutôt qu'aux rêveries des jours fastes décrochés du travail et du calendrier. Mais Lemieux annonce, à sa façon, la civilisation dans laquelle nous sommes entrés: celle du loisir et de sa personnalisation hédoniste dans la culture capitaliste.

11

Processions et alignements

Défilés et convois

Le corps festif est davantage, chez Lemieux, celui de la rue et de la place publique. Dans ses premières toiles, ce corps semble participer d'une ferveur communautaire. Ce sont ses œuvres les plus peuplées. L'atmosphère y est à l'effusion collective. Cependant rien n'est plus éloigné du corps médiéval du Carnaval que le corps postmoderne de Lemieux. Les clowns y sont seuls, coupés de l'interaction sociale, et n'ont guère la possibilité de tourner en dérision les institutions et les pouvoirs en place.

Un des groupements festifs favoris du peintre est la procession. Le défilé est une manifestation universelle dont l'origine remonte aux fêtes religieuses de la Rome antique, avec leurs marches chantées et rythmées. L'Église de la Contre-Réforme a opposé à ces défilés, qu'on estimait être un héritage du paganisme, une forme de procession davantage tournée vers l'exaltation de la foi et du sentiment religieux. La procession, chez Lemieux, a surtout ce caractère religieux. Elle participe des Fêtes officielles instituées par les classes dirigeantes.

Dans la procession, chaque être participe, jusqu'à un certain point, à l'émotion (joie ou peine) du groupe. Mais en s'associant à la Fête officielle, la procession n'est pas une mêlée confuse comme au Carnaval: elle est sage et rangée. Voilà ce qu'elle est ici. Elle n'offre pas d'échappées vers un monde fusionnel. Elle fixe et distingue: fondée sur le sérieux, ou du moins sur un certain recul du rire et sur la séparation, elle hiérarchise les acteurs, consacre les valeurs religieuses et sociales. L'ordre y triomphe.

La procession de *La Fête-Dieu à Québec* (1944) offre un exemple typique d'un de ces défilés officiels hiérarchisés et ordonnés, où le groupe est organisé en rangs et en sous-groupes homogènes qui paradent devant des spectateurs passifs, agenouillés — avec cependant quelques contestataires impertinents isolés ici et là. Le peintre a situé son point de vue sur un promontoire, ce qui lui donne une perspective monarchique (pour reprendre un terme de Bachelard) qui embrasse une partie de la haute et de la basse ville de Québec, ainsi que le grand S de la procession (laquelle semble aller de la Basilique à l'église Notre-Dame-des-Victoires) et, en arrière-plan, le Cap Diamant et le fleuve Saint-Laurent. La composition curvilinéaire que ce motif entraîne permet au peintre de lier plusieurs scènes et groupes disparates.

Ce type de manifestation religieuse a longtemps été une institution au Québec, remarquable de stabilité dans sa forme et ses composantes. On en reconnaît, chez Lemieux, les principaux éléments: la croix, les bannières, les thuriféraires marchant à reculons et manipulant les encensoirs, l'ostensoir du Saint-Sacrement tenu par un prêtre vêtu d'une riche chape et portant le voile huméral sur ses épaules. L'officiant et son précieux objet sont abrités sous un dais tenu par quatre hommes. Quant aux participants, ils se subdivisent en diverses entités: membres d'une communauté religieuse, filles et garçons des écoles, juges et notables. On se rassemble sous la bannière du groupe auquel on appartient: congrégation d'hommes et de femmes, enfants de Marie, zouaves, Ligue du Sacré-Cœur, société Saint-Jean-Baptiste, association de la Sainte Famille, Sœurs de la Congrégation, union Saint-Joseph, séminaristes, société de Tempérance, etc. Lemieux respecte l'usage qui consiste à parer les maisons de drapeaux, la procession étant occasion de pavoiser, comme elle est ici prétexte à démontrer sa foi en public, puisque le sens même de la procession est de tout instituer en spectacle.

Malgré ses caractères restrictifs, la Fête officielle affirme un germe d'individualisation des êtres. Ce germe point dans l'ordre de la procession lui-même qui s'oppose à la mêlée confuse du Carnaval. La procession est génératrice d'identité et accroît les particularités des participants plus que dans le Carnaval. En outre, Lemieux oppose le monde profane des spectateurs et du quartier populaire, à celui, sacré, de la procession: dans le monde civil ordinaire, il se représente lui-même sous la figure du propriétaire de la «Taverne du Peuple», avec, à une fenêtre de l'étage, son épouse, Madeleine Desrosiers, laquelle offre, sur un panneau, ses services de modiste (tout comme il incorpore celui de sa grand-mère, «N. Blouin, marchand» sur un autre immeuble). On voit ainsi discrètement de quel côté imaginaire le peintre se situe avec sa femme: du côté de l'hédonisme et de l'esthétique. Son épouse et lui ne participent que passivement à la procession. Il y a là une distanciation ironique et critique. Cette ironie devient irrespectueuse lorsque Lemieux fait uriner un garçon près d'un arbre, à droite de la scène, ou quand il peint une enseigne «Épices St Q».

D'autres formes de processions moins organisées, tel le convoi de sortie de l'église à Péribonka, dans une estampe de *Maria Chapdelaine*, nous indiquent un degré parfois plus accru d'individualisation: après la messe, un dimanche matin d'hiver, chacun s'en retourne chez soi, en une dispersion réglée, en une longue file de piétons et de traîneaux. En revanche dans *Procession* (1980), Lemieux représente un chapelet de fidèles qui montent vers l'église: c'est l'implosion et le retour moutonnier périodique à la protection du clocher. Dans un tel convoi, contrairement à la procession, on ne cherche pas à offrir un spectacle collectif à un public, mais chaque individu montre aux voisins du groupe sa foi en une cause.

Cortèges

Bien différents, plus rituels que festifs, sont les cortèges funèbres. Dans les œuvres primitives, ils apparaissent de loin et vus de l'arrière en une vision plongeante: voyez, par exemple, *Scène d'enterrement* (1945), où un cortège de piétons flous, dans un petit village d'une dizaine de maisons, en suivant une courbe, dans le premier tiers gauche du tableau, se dirige vers l'église à l'arrière-plan. Une lumière basse allonge sinistrement les ombres des personnes et des bâtisses portées sur la route, tout en conférant une tonalité expressionniste aux sillons labourés à droite et en accentuant les couleurs ocres sombres de l'ensemble. Dans *Lazare* (1941), un fragment de cortège, constitué d'hommes à pied en chapeaux durs et précédés d'un corbillard à cheval, apparaît de même vu en plongée et de derrière. Le cortège, c'est ce que le picturateur regarde s'en aller, plutôt que ce qui défile devant lui.

Plus tard, Lemieux donnera au convoi, dans *Cortège funèbre* (1972), la forme d'une queue de personnages vus de profil, voire d'un peloton resserré dans *Le cortège* (1976): ces êtres en deuil, tronqués à mi-corps, suivent de gauche à droite un corbillard aux trois quarts hors champ et dont on n'aperçoit que l'arrière, ainsi que le toit orné d'un ange agenouillé. Le cortège a des dimensions théâtrales: on y exprime son chagrin en public. Notons que le cortège avance le plus souvent vers la droite du tableau, espace de la temporalité et de l'extinction narrative de l'existence.

Promenades

Ces longues marches officielles que sont les processions et les cortèges sont différentes des promenades, si chères également au peintre. La procession et le convoi ont un but, qu'ils aient lieu dans les villes, dans les campagnes ou au sein des institutions religieuses: la Fête-Dieu, par exemple, qui se déroulait souvent au rythme psalmodié du chapelet, se terminait au reposoir. Processions et cortèges sont des formes de prières adressées à Dieu pour obtenir la rémission des péchés, pour apaiser la colère du ciel ou pour rendre un dernier hommage au défunt.

La promenade, elle, est sans but. On ne se promène pas pour prier le ciel ni pour se faire voir chez Lemieux, car les sorties sont profanes et leurs vertus mondaines, minimales. On y rencontre des gens par hasard et on prend au passage un bol de santé. Voilà tout. En outre, nous sommes loin de la rêverie romantique du promeneur solitaire, la promenade étant une activité essentiellement collective ici. Voyez les promenades de la *Terrasse Dufferin* (1967) où cinq personnages endimanchés, par une terne journée d'hiver, se sont arrêtés pour nous regarder: une femme, très légèrement en retrait vers le deuxième plan, est encadrée par deux hommes plus grands qu'elle, son mari étant probablement celui de droite avec lequel elle est en contiguïté. Dans le coin inférieur droit, un enfant en buste se découpe sur son père et sur une portion d'une cinquième figure floue qui est décadrée aux trois quarts. Ces personnages, tous enfourrurés, font sans doute une promenade dominicale en famille sur la terrasse sise au pied du Château Frontenac et qui domine le Saint-Laurent: c'est là un des lieux de flânerie favoris des riverains. Derrière ce groupe de cinq, se profilent quelques silhouettes de badauds, puis le garde-fou de la terrasse, puis le Saint-Laurent, la rive sud et enfin le ciel gris. Dans l'angle supérieur droit, deux fragments de murailles de la Citadelle. Ces promeneurs ne font apparemment rien d'autre que de passer le temps: ils ne conversent même pas entre eux. Ils n'ont rien à se dire. Ils n'éprouvent que le plaisir d'être là, dehors, en groupe.

Alors que chez Proust, la promenade a un rôle exploratoire (il permet l'établissement territorial du narrateur, avec ses paysages avoisinants et la découverte des deux côtés de son univers d'enfance, Swann et Guermantes), chez Lemieux, elle n'a pas du tout la même fonction: elle n'y est en fait qu'avènement à la peinture.

On se promène moins pour arpenter l'espace ou topographier que tout simplement pour rencontrer le picturataire, nouer connaissance avec lui, inscrire cet émoi minimal dans le tableau, advenir au statut d'objet d'art pathétique. L'œuvre la plus révélatrice à cet égard porte le titre justement de *Promenade* (1972) et représente simplement le portrait bustier d'un adolescent immobile. Où est la promenade? Elle est ultimement absentée pour mieux mettre en évidence ses caractères plus profonds, esthétiques et statiques.

Avec les passants agressifs des *Promeneurs* (1963), on a cependant une sensation bien différente, dont nous avons déjà rendu compte dans le chapitre sur les Activités. Trois figures de profil sur la gauche, un homme et deux femmes, sont sur le point d'entrer en collision avec quatre personnes également de profil, qui arrivent en sens inverse de la droite: un homme, une femme, une dame âgée à parapluie et un enfant. Comme il pleut, les gens sont pressés et tendus. Il n'y a que des visages préoccupés ici: tout y est rigidité et dureté. À la limite, la détente et le bonheur contemplatif de la promenade sont complètement absents. C'est le versant négatif de cette activité minimale et qui tient au fait que, parfois, on est bien obligé d'affronter les autres en cours d'errance. La promenade n'y a cependant pas non plus de fonction exploratrice du territoire. Notons que, n'étant pas tournés vers le spectateur, ces piétons affairés n'appellent pas à leur secours notre regard «artialisant», pour reprendre la formule d'Alain Roger, et ont tendance à s'enliser dans le quotidien fonctionnel.

La promenade peut également se transformer en marche militaire. Voyez, par exemple, le pas martial des figures de *Chacun sa nuit* (1963). Par une froide soirée d'hiver, trois personnages sont de profil: un enfant, au centre de la toile, mène solitairement la marche, suivi de ses parents côte à côte à droite du tableau. Tous sont emmitouflés dans des vêtements lourds, épais et rigides et ont les bras ballants. À l'horizon, qu'une vaste étendue de neige et qu'un ciel nocturne embrouillé. Ce n'est qu'une famille en promenade, et pourtant... La froideur domine tout l'espace de cette peinture: voilà ce à quoi ressemble la famille quand elle intègre les valeurs militaires de la discipline et de la rigueur spartiate. Une fois de plus, on a affaire à des promeneurs énergiques qui ne sollicitent pas le spectateur, ni ne l'accueillent, et dont le regard fixe un point haut et droit devant eux. Chacun est refermé sur soi. Ici aucune souplesse de la promenade, aucune ouverture aux autres et aux paysages: le muscle étouffe toute sensibilité; la promenade se raidit en marche.

Structuralement, la promenade se trouve à mi-chemin entre la procession (ou le cortège) et une autre modalité organisatrice du groupe chez Lemieux: le rang.

Alignements

Bien différents de ces groupes debout et en mouvement, sont les regroupements d'assis alignés les uns à côté des autres. Forme troublante dans sa platitude, l'alignement de personnages a séduit Lemieux, qui éprouve une prédilection particulière pour ce type de formation. Son alignement le plus célèbre est sans doute celui qui s'attable dans une fête, peu joyeuse, *Les noces de juin*: là, dix personnages se coudoient d'un seul côté de la table pour nous faire face, avec, par conséquent, fort peu d'interaction entre eux. Sur la droite, deux couples conversent gentiment: un prêtre et un militaire avec chacun une parente de la mariée. À l'extrême gauche, un homme en bout de table parle à un autre debout et à moitié hors cadre. Le reste des personnages est silencieux, en attente du service, les mains sagement sous la table. Ces personnages rappellent, d'une manière lointaine et en moins animée, la fameuse *Cène* de Vinci. Les personnages y sont assis, alignés, endimanchés, sages, sérieux et passifs.

Ces alignements s'associent, apparemment, à quelque solennité, comme le mariage, mais ils contiennent toujours une note satirique. Ainsi dans *The Birds I Have Known,* huit vieillards nous font face côte à côte sur une banquette, chacun enfermé dans son air personnel: ricaneur, surpris, offusqué, snob, grimaçant, insurgé, endormi, idiot. C'est le triomphe du ridicule. Ou encore, on célèbre obscurément une occasion spéciale: dans *La Fête au couvent,* sept prêtres s'entassent le long du même côté d'une table de réfectoire pour prendre un repas champêtre devant un mur... À nouveau, situation insolite et souriante.

De ces corps alignés, se dégagent aussi, bien sûr, une certaine austérité: ils disent, certes, le triomphe de l'ordre et de l'immobilisme synchrone, mais ils signalent également un certain malaise de la convivialité, puisque ces regroupements découragent l'interaction et favorisent le silence. Peut-être pourrait-on les associer aux enfilades de façades identiques que l'on retrouve dans les villes de Lemieux.

Une étude plus serrée de ces regroupements nous indiquerait une tendance progressive à l'individualisation dans l'évolution du peintre, tendance qui correspond à une orientation de la société canadienne-française et plus généralement de la société postmoderne: on quitte la procession et l'alignement pour privilégier la figure autonome.

Dans ses premières toiles, c'était quand même encore le rang qui le fascinait, les rangs archétypaux étant celui des enfants à l'école et celui des événements religieux (voyez les fidèles à la messe dans la toile colorée de *Lazare*, par exemple, et ses cinquante personnages assis en rang). Mais ses œuvres plus tardives désavouent le rang. Dans cette évolution de Lemieux, le chef-d'œuvre *Les Ursulines* représente une étape décisive. Une esquisse de cette toile nous montre, au centre, un groupe de six religieuses debout et bien disposées en rang deux par deux, dans la cour d'un couvent. Elles sont surveillées par une supérieure qui apparaît dans l'encadrement d'une porte d'un bâtiment sur la gauche. Dans une étude ultérieure, le rang est brisé par l'une d'elle qui, retirée du groupe vers la droite, lit un livre debout contre un rempart. Dans la version finale, le groupe se scinde davantage: l'une d'elle porte une corbeille de fruits et l'offre à celle qui lit, ce qui a pour effet visuel de dissocier la cohésion hiérarchique et ordonnée du rang. À noter que la surveillante a disparu, de même que le seuil des bâtiments et les escaliers: ce qui laisse l'entrée béante, en communication directe avec l'extérieur. Fait encore plus significatif, qu'on a déjà signalé et qu'on peut rappeler: pour la première fois, on voit les mains des religieuses, signe d'un pouvoir accru sur la réalité, et les personnages du premier plan ont même acquis la dignité d'un visage distinctif, signe d'une individualisation en cours.

C'est cette tendance individualisante que les dernières

res œuvres de Lemieux ont développée, sur le mode expressionniste. Et qu'est devenu le rang? Il est exclusivement un attribut militaire et négatif: voyez les alignements de soldats qui font barricade ou de véhicules de l'armée dans les tableaux tardifs du peintre. Le rang révèle, ici, ses dispositions inhumaines foncières: il est connu pour mâter la vie et la liberté. Et Lemieux ne se gêne vraiment pas pour en montrer tout l'insoutenable.

12
Les marginaux

Maladie, vieillesse, mort

Dans l'univers de Lemieux, la maladie, en tant que forme d'extrême marginalisation, n'existe pas: elle est vite mâtée ou maîtrisée, ainsi que le démontre sa murale érigée à la gloire triomphale de la *Médecine* (1956) qui décore le pavillon des sciences de la santé de l'Université Laval. Plus que la maladie, c'est la vieillesse qui semblera marginaliser le corps. Le peintre a souvent représenté les personnes âgées: soit seules, comme dans le portrait dépouillé de *La vieille servante* (1966), soit isolées en couples (d'ailleurs peu épanouis), comme dans *Les noces d'or* (1966) ou dans *La Floride* (1965): dans ces trois cas exemplaires, les vieillards sont extirpés de leur famille et de leur milieu habituel. L'âge semble les avoir injustement marginalisés et réduits à une vie solitaire. Voilà peut-être pourquoi Lemieux s'intéresse tant aux vieux. Il a avoué aimer les peindre, non seulement pour leur poids temporel, pour leur bonne oisiveté, pour la paix, le calme et le silence qui se dégagent d'eux, tous thèmes éminemment positifs dans cet univers, mais aussi peut-être pour réhabiliter la vieillesse, la réinscrire dans les cycles de la vie, la ramener à la familiarité d'une étape à traverser. C'est ainsi qu'il s'est parfois attardé, dans un même tableau, à un personnage vu à ses divers âges, reprenant en cela la formule immémoriale de la métaphore biologique: son célèbre autoportrait de 1974 est conçu de cette façon. Il en a fait une sorte de testament artistique où il s'est représenté à soixante-dix ans à l'avant-plan et, à l'arrière-plan, en enfant et en adulte, avec au mur les toiles les plus représentatives de son travail. La vieillesse engendre des images synthèses, des emboîtements temporels, des concentrés d'existence, qui suscitent chez le peintre sa plus grande vénération. Il fait de l'âge une de ses réussites artistiques. Si le vieillard était rejeté de la société de l'époque, c'est uniquement parce que cette société était malade: le propos de Lemieux a plutôt des visées inverses, respectueuses et intégratrices. Le grand âge propose des modèles de sagesse au groupe qui sont indispensables à son équilibre. Une collectivité qui l'oublie commet une grave erreur. La société de Lemieux aurait dû le comprendre et s'ouvrir au discours civilisateur que tient ici l'œuvre d'art. La pensée plastique y annonce une fois de plus des formes sociales substitutives et ne fait pas que refléter les limites de celles d'où elle est issue.

Variante plus décisive de la marginalité, la mort est peu présente d'une manière dénotative dans cet univers. Lemieux n'a rien d'un peintre morbide. Il n'évite cependant pas le thème et a le courage de l'affronter directement dans son œuvre composite *Lazare* (1941), une de ses toiles primitives qui contient déjà les thèmes qui le préoccuperont davantage dans sa période tardive: dans le coin gauche du tableau, il montre des parachutistes abattant des civils sur un chemin de grève. On y voit donc la mort en train de s'accomplir sous nos yeux. À droite, dans un cimetière, la figure mythique de Lazare, à la résurrection duquel on assiste en présence d'un Christ barbu en costume moderne, des sœurs de Lazare, Marthe et Marie ainsi que d'un fossoyeur étonné. Cette victoire symbolique de la vie sur la mort propose certains espoirs et voilà peut-être ce que le prédicateur au centre de son église sans toit essaie de transmettre à ses fidèles. Mais en bas à droite, au premier plan, la dure réalité revient, incontournable: un cortège ramène un nouveau mort au cimetière.

Un autre personnage mythique, le Christ, a eu le droit d'être représenté mort, dans *Le témoin* (1963), par exemple. Les personnages qui ont atteint l'apothéose du mythe peuvent, eux, nous apparaître dans leurs derniers moments, puisque leur décès ne change rien au fait qu'ils sont éternels.

Quant à la mort des êtres humains ordinaires, Lemieux n'y fera allusion que par le biais du corbillard et du cortège funéraire. Voilà la forme métaphorique la plus lugubre que puisse prendre cette représentation chez lui: par un ultime moyen de transport. Le peintre évite le thème de la mort passive, signifiée par un cadavre. C'est plutôt essentiellement par l'intermédiaire des vivants qu'il aborde cette réalité: d'où l'évocation du deuil des survivants (voir, par exemple, *La mort par un clair matin,* 1963). Seule l'intéresse, au fond, l'émotion que le décès suscite. Ce pourquoi une analyse pathémique, selon le modèle que Greimas expose dans sa *Sémiotique des passions,* serait de toute évidence très pertinente ici. Le deuil instaure un espace dramatique dans ses toiles qui engendre l'emphase: les signes de la tristesse, si communs à tous ses personnages, sont d'un coup décuplés, les figures ont la tête théâtralement recourbée et se referment totalement sur leur chagrin.

La folie douce

Si la maladie et la mort tendent à être absentées de l'espace du tableau, la folie douce y est, en revanche, très présente. C'est d'elle que toute l'œuvre de Lemieux semble issue, puisque, si l'on en croit les biographes, rappelons-le, c'est la sœur déséquilibrée du peintre qui aurait pris quelques photos mal cadrées, lesquelles, retrouvées plus tard dans l'album familial, lui auraient inspiré sa technique si typique du décadrage. En outre, combien de personnages étranges, insituables, à la frontière de la normalité, Lemieux a peints. Dès 1928, dans ses dessins primitifs qui illustraient le récit de Régis Roy *Le manoir hanté,* il met en scène des silhouettes fantastiques et des ombres inquiétantes, des personnages drapés de noir et épouvantés dans la nuit, saisis dans des attitudes expressionnistes et des poses dramatiques, le visage éclairé par le bas. Dans ses dessins tardifs, après 1980, il renoue avec ce goût de l'étrange, en voyant le monde sombrer inéluctablement dans quelque catastrophe irrationnelle: la guerre civile (*Aujourd'hui, I, II, III*), la peur collective de gens qui fuient, comme poussés par un grand vent (*Panique*), la répression absurde (*La poursuite*) et l'apocalypse nucléaire (*Hiver nucléaire*).

La solitude

Mais de toutes les formes de marginalité, la plus fréquente est la solitude. La solitude de la souffrance, celle de la délinquance, celle du criminel. Dans toute son œuvre, les personnages sont toujours plus ou moins en marge du groupe, ou seuls au sein du groupe, voire en réaction contre lui. Dans une toile intitulée justement *Solitude* (1953), une jeune femme, sans doute abandonnée, regarde dehors; accoudée à la fenêtre et assise sur un tabouret, elle nous tourne le dos, dans la désolation de son appartement. C'est un décor qui rappelle les intérieurs vides d'Edward Hopper: une pièce nue, d'un dépouillement extrême. Dehors, il n'y a rien à voir, sauf une masse de frondaison (c'est donc l'été). La figure porte une robe sombre. Elle boit peut-être un verre, car il y a une bouteille sur la banquette à droite. Près de la bouteille, un chapeau: elle vient de rentrer chez elle, apparemment, et a découvert les lieux vides. Près de ses effets, une lettre repose. Une lettre reçue peut-être. Une lettre de rupture ou d'abandon, probablement. À ces éléments minimaux, s'ajoutent deux toiles décoratives aux murs. Voilà tout. La verticalité domine dans la composition. Cette femme en détresse doit éprouver une peine immense: elle souffre et s'ennuie, la tête lassement appuyée sur sa main gauche. Elle rumine sa douleur en silence, dans l'immobilité, sans hystérie. Voilà le degré le plus pathétique que puisse atteindre la marginalité chez Lemieux: la solitude extrême de la mélancolie et de l'abandon.

Cette marginalisation sociale peut être cependant plus dramatique, lorsque la marge se fait revendicatrice. Pensons aux jeunes délinquants dans *Les indésirables*:

deux jeunes gens ont été interpellés par deux détectives qui les suivent pour les conduire en prison. La date du tableau, 1968, est historiquement lourde et on peut voir, dans cette arrestation, une possible allusion aux agitations politiques des années 1960 et 1970 au Québec, liées au mouvement indépendantiste. Le hippie *Killer Joe* (1972), quant à lui, incarne la contre-culture de la même époque: à son surnom inquiétant, anti-familial et asocial, il ajoute des cheveux longs jusqu'aux épaules, des lunettes de soleil, un collier d'os et une médaille qui lui pendent sur la poitrine, un gilet rouge uni à gros piqué blanc, écourté et ouvert, qui laisse voir son nombril, des jeans délavés à ceinture de cow-boy et des pieds nus. Tout cela achève de le (dé)classer socialement, ces vêtements étant inhabituels dans la société fictive du peintre.

Le corps le plus radicalement marginalisé, c'est le corps enfermé. *L'homme prisonnier* (1967) porte également le sous-titre de *L'angoisse.* Ici, c'est le rejet violent par la société. Un homme au crâne rasé est dans sa cellule, oisif et coupé du monde. On ignore la nature du crime commis, à moins qu'il ne s'agisse d'un handicapé mental. La dualité du titre indique l'équivalence des deux situations, prison et asile: dans les deux cas, le corps marginalisé est d'une solitude extrême.

Point cependant n'est besoin d'être arrêté et écroué pour se sentir seul et en marge du groupe, chez Lemieux. La solitude est presque naturelle à ses personnages, qui héritent de cet état dès le premier âge de leur vie. Les enfants, qu'inlassablement il a peints, sont soit abandonnés (c'est le lot commun), soit sans famille, comme *L'orpheline* (1957), soit souffrants de l'indifférence adulte. Ses innombrables portraits d'enfants solitaires nous présentent, en général, des corps fermés sur eux-mêmes: muets, les bras croisés, comme dans *La jupe rose* (1960) ou *Garçon dans un paysage* (1974) ou engoncés dans des vêtements stricts boutonnés jusqu'au cou, comme dans *Terminus* (1962). Corps misérables, exilés du bonheur familial et à qui il ne reste rien. Cette perception personnelle prend la contrepartie des tendances idéologiques de l'époque qui faisaient des enfants un groupe à part en édifiant autour d'eux le mythe de la supériorité de la jeunesse, lieu de la beauté, de la vitalité, de la spontanéité (Ricard, 66-67, 87-88).

Vêtement et marginalisation

Parfois, le vêtement contribuera à signifier une marginalisation volontaire: c'est ce choix qu'opèrent les excentriques de Lemieux, et ils sont nombreux. À part hippies et délinquants, il y a la marginalité douce des clowns, des arlequins, de même que celle des êtres fantomatiques, degré extrême de l'étrangeté: des noctambules bizarres de *La fête* (1963) aux *Masques* (1973), en passant par *Les Mi-Carêmes* (1962) ou *Le petit Arlequin* (1959). Ces personnages issus de la fête populaire ne s'amusent guère, en général, et sont comme éternellement crispés dans une attitude rigide, austère, hiératique. Ils ont l'air absent. Le corps ainsi déguisé disparaît sous le vêtement et adopte des vertus éminemment métaphoriques: il devient un corps artificiel, une fiction artistique au second degré, par rapport à son premier degré qui est d'être à l'intérieur d'une fiction picturale.

Le costume peut parfois suffire à créer une évasion du monde ordinaire. Point d'ailleurs n'est besoin de se déguiser en arlequin pour se sortir du quotidien: il n'y a qu'à simplement s'endimancher, et Lemieux offre très souvent à ses personnages la possibilité de cette marginalisation douce. C'est là une des fonctions inattendues du jour privilégié de Lemieux. Le vêtement habillé marque une nette coupure d'avec le monde du travail et peut situer en marge du reste du monde banal: c'est le cas des innombrables figures dominicales oisives et coquettes qu'il a peintes pour leur gratuite élégance, frêle dame gantée au chapeau à plume, gracieuse figure modiglianesque au parasol noir, messieurs à chapeau et à cravate, en col amidonné et costume ajusté. Par sa dimension festive, l'endimanchement, à la fois, marginalise par rapport au traintrain de la vie quotidienne et intègre, en signalant la participation aux cycles sociaux et aux rituels collectifs.

On pourrait sans doute également parler d'une marginalisation temporelle, chez Lemieux, qui semble s'inscrire aussi dans le vêtement, mais autrement que par le biais dominical: par la voie des modes. Le costume de matelot de l'enfant, par exemple, dans *1910 Remembered* (1962), indique en lui-même une époque révolue et pointe ainsi l'exil des personnages par rapport au présent. Un détail vestimentaire (telle une cravate rouge) ou un accessoire (tel un chapeau) suffisent à individualiser et à extirper la figure de l'univers des conventions contemporaines. Peut encore contribuer à marginaliser les personnages, la simplification extrême des vêtements, surtout des vêtements d'hiver (Lemieux étant fils d'un marchand de laine, ces détails comptent): ils sont rudimentaires, réduits à une étoffe taillée brute sans coutures, sans boutons, sans poches, sans motifs et sans textures. Ces vêtements austères, signés JPL, enveloppent tout le corps et ne laissent apparaître que la rigidité des attitudes. Ils sont de toute évidence en marge de l'histoire du costume: ils ont été créés pour construire des corps théâtraux et signifier leur dénuement, leur solitude, leur exil intérieur, mais aussi la force qu'ils prennent dans le plus grand dépouillement.

Parmi les corps en uniforme, les religieux, si visibles dans son univers, occupent une place de choix. Lemieux a peuplé ses tableaux de figures cléricales, féminines et masculines. Aujourd'hui, ces personnages nous paraissent appartenir à un monde très lointain et sortir de quelque vision médiévale et mystique. Ils sont, à leur façon, et malgré eux, un autre visage de l'étrangeté. Voyez *Les Ursulines* (1951) repliées sur elles-mêmes dans leur enceinte de couvent, dans un lieu de nulle part, ou les sœurs blanches éthérées de *Moniales* (1965) circulant dans les corridors de quelque demeure mystérieuse, décrochées des réalités matérielles ambiantes et du reste de la société. Voyez encore ce prêtre sans visage, et si énigmatique, *Le visiteur du soir* (1956), qui est là, debout, sur le bord droit du tableau, dans un paysage désert et glacial, au cœur de la neige, aux limites d'une toundra éternelle; ou ce moine errant, polyglotte et déraciné qui passe une fois par an dans l'île de la Petite Poule d'eau pour confesser les Tousignant et dire la messe. Cet être original, créé par Gabrielle Roy, a été décisivement réinterprété par Lemieux: c'est devenu un «insituable», comme le sont tous les religieux du peintre. Ces personnages appartiennent à un temps en dehors du temps, à un monde en dehors du nôtre. Nul doute aussi que les nombreux anges que Lemieux a osé peindre, figures nettement transgressives à une époque peu portée à l'angélisme, se rangent parmi ces êtres en marge de notre univers concret: ils viennent d'un ciel autre apporter quelque nouvelle (*cf. L'Annonciation*, s.d.) qui fera vaciller le ciel local.

Ainsi fait aussi, croyons-nous, la peinture de Jean Paul Lemieux. En marge du terrorisme géométrique et abstrait qui a marqué l'histoire de l'art au XXe siècle, ce peintre a créé une mimésis renouvelée, appelée par la suite «nouvelle figuration», et qui finira par compter dans l'esthétique de notre temps.

Conclusion

Un spectateur russe a pu écrire que Lemieux était une découverte bienfaisante pour l'humanité. On ne peut pas imaginer meilleure réception de la peinture de cet artiste. Et il est vrai, comme on l'a vu, que ses figures, parce qu'elles suscitent en nous divers degrés de compassion, tendent à nous rendre meilleurs. Lemieux était convaincu que l'art constituait une force vitale dans une société. Son but déclaré était, d'ailleurs, de «continuer l'œuvre civilisatrice de l'art dans le monde[1]».

L'œuvre d'art ne fait pas que proposer à la société de simples synthèses figuratives de ses certitudes antérieures: elle lui dessine souvent les matrices de nouvelles données. La peinture de Lemieux va dans ce sens: contrairement aux apparences, elle est plus prospective que passéiste. Le peintre retourne certes à hier, mais pour réactiver dans l'aujourd'hui des valeurs endormies, sonner l'alarme sur ce qui ne va pas et suggérer des façons d'être inédites. Voilà bien pourquoi il a pu insister en

1. «Réflexions sur l'art», *L'Événement-journal*, 17 décembre 1978, Supplément, 18.

divers termes, après plusieurs théoriciens de l'esthétique, sur la profonde moralité de l'art.

C'est dire qu'on ne peut pas éclairer l'art de ce peintre uniquement par une tradition nationale. Le contexte historique, social et politique n'explique pas son œuvre dans sa totalité. Lemieux n'est pas le reflet rigoureux et amoindri des réalités de son temps. Il en prend plutôt fréquemment la contrepartie, il dépasse ces réalités pour soulever des questions plus larges et mettre à jour des valeurs de remplacement.

S'il est vrai que l'avènement d'un nouveau type de civilisation est toujours visible dans sa plastique, on peut assurément en lire des fragments dans l'œuvre qu'on a commenté tout au long de cet ouvrage.

Au fil de ces petites analyses, qui sont plutôt, on l'aura compris, des exercices d'émoi devant les tableaux, on a tenté de faire justement ressortir la *moralité* d'un art. À travers la problématique générale de l'espace-temps, du corps et de l'autre, on a essayé d'examiner les rapports que cette peinture entretenait avec le monde et l'humain. Les interrogations, venues des tableaux eux-mêmes, et auxquelles on a tenté de répondre tant bien que mal, étaient simples: quelle perception se fait Lemieux des lieux, des éléments, des horizons, des distances, de l'ailleurs? quel rapport au temps se développe à travers le passé, le futur, le présent ou encore les saisons, les moments du jour ou de la nuit, le vieillissement, la mort? quel au-delà du sensible suggère-t-on? qu'est-ce qui mobilise la rêverie ou, au contraire, la refroidit? qu'est l'autre et que sont les autres? qu'est-ce qui importe face à autrui? quel rapport au groupe s'instaure, que ce soit dans les activités qui sollicitent l'imaginaire, dans les formes de regroupement ou dans les gestes de désolidarisation? comment le désir s'inscrit-il? quelle dynamique préside à son jeu? qu'est-ce qui est allégué ou refusé d'une culture, qu'est-ce qui est évoqué, critiqué ou passé sous silence? Bref, quelle image de l'humain se construit au fil des œuvres?

On ne reprendra pas les éléments de réponse qu'on s'est efforcé de rassembler dans les pages qui précèdent. On se contentera seulement de souligner ceci: il apparaît que la plus grande valeur de cette moralité artistique, réside, ici, dans le sujet. Lemieux rappelle avec insistance la subjectivité de l'œuvre, mais aussi aborde le thème de la subjectivité dans l'œuvre. La peinture, à la fois, réfléchit le sujet peignant, construit un sujet, et propose un effet sujet. Dans l'imaginaire de ce peintre, le tableau est tout entier le discours du sujet. Et cette peinture est plus particulièrement habitée et traversée, de part en part, par un type de sujet: le sujet comme passion. C'est ce sujet-passion qui s'y énonce, s'y disperse, s'y donne, s'y retient, s'y répète, mais aussi subvertit, détruit, reconstruit et qui aide le profane à structurer son propre univers subjectif et culturel.

D'une image à l'autre, on voit ainsi se tracer les configurations passionnelles d'une œuvre, d'un discours, d'un sujet. Qui plus est, l'œuvre de Lemieux effectue un travail de redéfinition des catégories passionnelles, travail par lequel on mesure les grands explorateurs de la subjectivité: le sujet passionnel qui le préoccupe avant tout, on l'a vu, c'est le sujet mélancolique. Le peintre a revalorisé la mélancolie comme passion positive, source de profit symbolique, à la condition que le désespoir qui la fonde débouche sur un salut esthétique, à la condition que le sujet ne s'effondre pas dans l'apathie et que son engagement soit relancé par la dépression qu'il traverse.

À un moment où on clamait la mort de l'humanisme et celle du sujet, voici un artiste qui se levait et osait dire le contraire. Oui, cette œuvre est bienfaisante pour l'humanité, ne serait-ce encore que parce qu'elle l'empêche d'être aveugle. L'œuvre de Lemieux a surmonté la crise des valeurs figuratives, qui n'était qu'un reflet d'une crise plus grave, celle de l'humanisme. Alors que la personne était, et est encore, une idée menacée sous la pression de forces grégaires uniformisantes, Lemieux a proposé de redorer son blason.

Et il effectue cette révolution tranquille en peinture par le maintien d'une simple contrainte, la figuration, qu'il renouvelle en profondeur. Il a, de cette façon, opéré un dépassement critique des deux tendances plastiques qui ont prévalu dans le siècle: l'expressionnisme spontanéiste qui a débouché, au Québec, sur l'automatisme, de type Riopelle, et les démarches cézaniennes et post-cubistes plus rationnelles, de type Mondrian.

*

* *

Au terme de cette sémiographie, la modestie annoncée au départ s'impose plus que jamais, car c'est le moment de mesurer ce qu'on a vraiment accompli. Ou plutôt, c'est au lecteur de le faire, car celui qui a mené ce travail sera bien court à cet égard, son rôle étant terminé. Francastel a insisté sur l'existence d'une pensée esthétique parallèle à la pensée politique et logique, et différente de ces dernières. Avec son approche de traverse du sujet de la peinture, la sémiographie s'est efforcée d'être attentive à cette pensée plastique. Appuyée sur celle de Lemieux, elle a tenté de devenir elle-même une forme de pensée plastique ou, du moins, d'être un exemple de ce que peut donner l'exercice, dans la plus grande proximité de la peinture, d'un rouage de cette pensée.

L'objectif initial était de chercher, dans les œuvres, le «récit» qui se tramait derrière elles et d'en proposer la reconstitution. Après nous être lancés à la recherche du Récit perdu, est-ce que l'on pourrait maintenant intituler cette conclusion de l'entreprise: le Récit retrouvé? Quelques bribes en ont assurément été retracées. On a repéré, dans cette œuvre picturale, des fragments d'une épopée subjective exemplaire, avec des ouvertures sur l'autre et le social. On a dégagé des perspectives sur ses déterminations psychanalytiques, sociologiques et philosophiques.

Le regard sémiographique n'a cependant circonscrit que quelques aspects minimaux de cette pensée plastique. On espère seulement que ces petites analyses feront mieux apprécier encore l'œuvre de Lemieux et inciteront chacun à développer sa propre sémiographie. Voilà pourquoi on aimerait conclure en laissant le tout dernier mot à l'amateur d'art Pierre Vadeboncoeur, dont les leçons sont si souvent bonnes à prendre:

> Ne suivez pas les pistes que je viens d'indiquer: elles ne valent que pour soi. Prenez les vôtres, probablement différentes. Ne faites pas de manière avec l'œuvre. Soyez un peu stupide avec elle et peut-être un peu brutal. Ne craignez pas d'être sot. Vous n'aurez rien à avouer. Mais vous aurez su un peu ce qu'il y a là. (*Liberté*, 111)

Principaux ouvrages consultés

Outre les ouvrages ici mentionnés, on a consulté une poussière d'articles parus dans les journaux sur Lemieux ainsi que quelques écrits de Lemieux publiés dans des périodiques. Ces documents sont accessibles aux archives du Musée de Québec.

ARASSE, Daniel, *Le détail. Pour une histoire rapprochée de la peinture*. Paris, Flammarion, 1992.

BARTHES, Roland, *L'obvie et l'obtus*. Paris, Seuil, 1982.

——, *La chambre claire. Notes sur la photographie*, Paris, Gallimard/Seuil, 1980.

BIRON, Normand, *Paroles de l'art*. Montréal, Québec/Amérique, 1988.

BOULIZON, Guy, *Le paysage dans la peinture au Québec*. Ottawa, Marcel Broquet, 1984.

CALVINO, Italo, *Leçons américaines. Aide-mémoire pour le prochain millénaire*, Paris, Gallimard («Folio»), 1989.

CARANI, Marie, *L'effet Lemieux*. Éditeur officiel, 1992.

CIORAN, E.M, *Précis de décomposition*. Paris, Gallimard, 1949.

DERRIDA, Jacques, *La vérité en peinture*. Paris, Flammarion «Champs», [1978].

«Destins de l'image», *Nouvelle Revue de psychanalyse*, Gallimard, 44 (1991).

DUBÉ, Marcel, *Jean Paul Lemieux et le livre.* Montréal, Art Global, 1988.

ESTEBAN, Claude, *Soleil dans une pièce vide.* Paris, Flammarion, 1991.

FAURE, Élie, *L'esprit des formes.* 2 vol. Paris, J.-J. Pauvert, «Le livre de poche», 1964.

FERRIER, Jean-Louis, *La forme et le sens. Éléments pour une sociologie de l'art.* Paris, Denoël, 1969.

FRANCASTEL, Pierre, *Art et technique.* Paris, Minuit-Gonthier, 1956.

——, *La réalité figurative.* Paris, Denoël/Gonthier, 1965.

FOLCH-RIBAS, Jacques, «À l'origine de l'explosion picturale au Québec. *Vie des arts* 44 (1966): 33-37.

GREIMAS, Algirdas et Jacques FONTANILLE, *Sémiotique des passions. Des états de choses aux états d'âmes.* Paris, Seuil, 1991.

GUIOMAR, Michel, *Principes d'une esthétique de la mort.* Paris, Corti, 1967.

HALL, Edward, *Le langage silencieux.* Paris, Seuil («Points»), 1984.

——, *La dimension cachée.* Paris, Seuil, («Points»), 1971.

HANDKE, Peter, *La leçon de la Saint-Victoire.* Paris, Gallimard («Arcades»), 1985.

KRISTEVA, Julia, *Soleil noir. Dépression et mélancolie.* Paris, Gallimard, 1987.

——, *Polylogue.* Paris, Seuil («Tel Quel»), 1977.

LE BRETON, David, *Des visages. Essai d'anthropologie.* Paris, Métaillié, 1992.

——, *Anthropologie du corps et modernité.* Paris, PUF, 1990.

——, *Corps et sociétés. Essai de sociologie et d'anthropologie du corps.* Paris, Méridiens-Klincksieck, 1985.

LIPOVETSKY, Gilles, *L'ère du vide.* Paris, Gallimard, («Folio-Essais»), 1983.

MARTEAU, Robert, *L'œil ouvert.* Montréal, Quinze, 1978.

MCDOUGALL, Ann, «Jean Paul Lemieux ou l'utilisation originale de l'espace». *Vie des arts* 102 (1981): 50-52.

MICHAUX, Henri, *Plume.* Précédé de *Lointain intérieur.* Paris, Gallimard, («Poésie»), 1963.

NAGEL, Patrick, «Timeless Painter from Quebec», *Weekend Magazine* 10 (1963): 18-20.

NELLIGAN, Émile, *Poésies complètes.* Montréal, Fides («Le Nénuphar»), 1952.

PANOFSKY, Erwin, *L'œuvre d'art et ses significations. Essais sur les «arts visuels».* Trad. Paris, Gallimard, 1969.

PÉNINOU, Georges, *Le manifeste publicitaire. Contribution à l'étude sémiologique de l'expression publicitaire.* Thèse. Paris, École pratique des hautes études, s.d.

——, «Physique et métaphysique de l'image publicitaire». *Communications* 15 (1970): 96-109.

POIRIER, Jean, *Histoire des mœurs.* Paris, Gallimard, «La Pléiade», 3 vol. 1990-91.

RICARD, François, *La génération lyrique.* Montréal, Boréal, 1992.

ROBERT, Guy, *Lemieux.* Montréal, Stanké, 1975; Toronto, Gage, 1978.

——, *Jean Paul Lemieux ou la poétique de la souvenance.* Québec, Garneau, 1968.

——, *L'art au Québec depuis 1940.* Montréal, La Presse, 1973.

——, *La peinture au Québec depuis ses origines.* Sainte-Adèle, Iconia; Montréal, France-Amérique, 1980.

ROGER, Alain, *Nus et paysages.* Paris, Aubier-Montaigne, 1978.

ROUSSAN, Jacques de, *Le nu dans l'art au Québec.* Montréal, Marcel Broquet, 1984.

ROUSSET, Jean, *Leurs yeux se rencontrèrent. La scène de première vue dans le roman.* Paris, Corti, 1981.

ROY, Claude, *L'Amour de la peinture.* Paris, Gallimard, 1956.

SAINT-MARTIN, Fernande, *Sémiologie du langage visuel.* Sillery, PUQ, 1987.

ROY, Gabrielle, *La petite poule d'eau.* Montréal, Beauchemin, 1970.

SCHEFER, Jean-Louis, *Scénographie d'un tableau.* Paris, Seuil, 1969.

SERVIEN, Pius, *Principes d'esthétique. Problèmes d'art et langage des sciences.* Paris, Boivin, 1935.

——, *Esthétique. Musique. Peinture. Poésie. Science.* Paris, Payot, 1953.

STAFFORD, Barbara, *Body Criticism. Imaging the Unseen in Enlightenment Art and Medecine.* Cambridge, MIT Press, 1992.

TRUDEL, Jean *et al, Le grand héritage. L'Église catholique et les arts au Québec.* Éditeur officiel, 1984.

VADEBONCOEUR, Pierre. «Tout se joue toujours», *Liberté* 207 (juin 1993): 106-111.

Liste alphabétique des œuvres de Jean Paul Lemieux*

1910 Remembered, 1962, Huile sur toile, 108 × 148,8 cm, collection particulière, Québec.
1914-1964, 1964, Huile sur toile, 111 × 61,5 cm, collection particulière.

À la brunante, 1976, Huile sur toile, 90 × 252 cm, collection particulière.
Album de famille, 1958, Huile sur toile. [R198]
Amélie et le temps, 1965, Huile sur toile, 74 × 180 cm. [R203]
Angoisse, 1988, Huile sur toile, 76,5 × 63,5 cm, collection particulière, Québec.
Après-midi d'été, 1971, 38 × 135 cm, M. Gabriel Gilbert. [R193]
Armandine, 1957, Galerie Clarence Gagnon, Montréal.
Autoroute, 1963, Huile sur toile, 41,2 × 81,5 cm, Musée du Québec.
Axel, 1959, Huile sur toile, 51 × 31 cm, collection particulière.

* On a indiqué par une page entre crochets précédée d'un R les œuvres dont on peut trouver une illustration dans l'ouvrage de Guy Robert (1978).

Baie Saint-Paul, 1935, Huile sur bois, 14 × 18 cm. [R39]
Blanche, 1961, Huile sur toile, 103 × 53. [R250]
Bouquet d'automne, 1975, Huile sur toile, 132 × 124 cm, collection particulière.
Bruine, 1957, Huile sur toile, 38 × 94 cm, collection particulière, Québec.
Butte aux Eboulements, 1934, Huile sur toile, 30 × 40 cm, M. Claude Bruneau, Montréal.

Californie, 1958, Huile sur toile, 61 × 127 cm, collection particulière.
Cantons de l'Est, 1936, Huile sur toile, 56 × 76 cm. [R40]
Carnet de croquis (Village de pêcheurs avec pont), 1931, Aquarelle et encre sur papier, 25,3 × 20 cm, collection particulière, Québec.
Carnet de croquis (*L'été dans une petite ville, croquis de juillet 1936 à Magog*), 1936, Techniques mixtes sur papier, 30 × 22,5 cm, collection particulière, Québec.
Carnet de 23 dessins titrés, v. 1930-32, 25,5 × 20,3 cm, collection particulière, Québec.
Cavalier au bord d'un lac, 1970, Huile sur toile, 55 × 132 cm, collection particulière.
Cavalier dans la neige, 1967, Huile sur toile, 89 × 135 cm. [R216]
Chacun sa nuit, 1963, Huile sur toile, 104 × 158 cm. [R199]
Charlevoix, 1935, 63 × 84 cm. [R39]
Charlottetown Revisited, 1964, Murale, Charlottetown (Î.-P.-É).
Chemin en hiver, 1966, Huile sur toile, 58 × 135 cm. [R135]
Chutes Montmorency, 1923, Huile sur toile, 20 × 15 cm, collection particulière.
Ciel gris, 1976, Huile sur toile, 35,5 × 46 cm, collection particulière.
Congé, 1932, 15 × 15 cm. [R32]
Cortège funèbre, 1972, 36 × 46 cm. [R219]
Country Club, s.d., Huile sur toile, 71 × 137 cm, collection particulière.

Course de chiens, 1957, Huile sur toile, 31 × 146 cm, collection particulière.

Courses de novembre à Blue Bonnets, 1962, Huile sur toile, 53,4 × 112 cm, collection particulière, Québec. [R217]

Crépuscule, 1962, Huile sur toile, 61 × 109 cm, Art Gallery of Hamilton.

Dame en noir, 1962, Huile sur toile, 51 × 36 cm. [R228]

Dans le temps, 1967, Huile sur toile, 127 × 179 cm, collection particulière. [R50]

Deux fillettes, 1963, Huile sur toile, 102 × 57 cm. [R205]

Deux personnages dans la nuit, v. 1989, Huile sur toile, 50,8 × 61 cm, collection particulière, Québec.

Dies Iræ, v. 1982-83, Huile sur toile, 135,4 × 309 cm, collection particulière, Québec.

Église de Saint-Gildas, Bretagne, 1955, Aquarelle sur papier, 38 × 46 cm, collection particulière, Québec.

En automobile, v. 1987, Huile sur carton, 81,5 × 101 cm, collection particulière, Québec.

Enfant à l'oiseau, 1966, Huile sur toile, 61 × 33 cm. [R232]

Enfants dans un paysage de montagne, 1980, Huile sur toile, 208 × 62 cm, Power Corporation du Canada, Montréal.

En Famille, 1931, 18 × 18 cm. [R32]

Été 1914, 1965, Huile sur toile, 81 × 183 cm. [R18, 288]

Etude pour Emmaüs, 1942, Gouache sur papier, 20 × 25,4 cm, collection particulière, Québec.

Étude pour Les Ursulines, 1951, Huile sur panneau de bois, 20 × 26 cm, M. Amiot Jolicœur, Québec.

Femme au collier, v. 1988, Huile sur toile, 63,7 × 50,8 cm, collection particulière, Québec.

Fillette, 1957, Huile sur toile, 40 × 35 cm. [R287]

Five o'clock, 1973, Dessin, 66 × 51 cm, Louise et Marcel Lacroix. [R229]

Fleurs et brumes, 1964, Huile sur toile. [R185]

François, 1964, Huile sur toile, 70 × 48 cm. [R285]
Françoise, 1967, Huile sur toile, 104 × 56 cm. [R250]

Garçon dans un paysage, 1974, Huile sur toile. [R174]
Gaspésie, 1962, Huile sur toile, 23 × 165 cm. [R249]

Hiver, 1985, Huile sur toile, 101,5 × 244 cm, collection particulière, Québec.
Hiver nucléaire, 1986, Lavis à l'huile et térébenthine sur carton, 97,7 × 116,6 cm collection particulière, Québec.
Hiver à Port-au-Persil, 1957, Huile sur toile, 82 × 153,5 cm, Vancouver Art Gallery.
Hommage à Nelligan, 1971, Huile sur toile, 84,6 × 133,2 cm, Université de Montréal.

Île aux Coudres, 1932, Huile sur toile, 30 × 40 cm. [R37]
Intérieur, 1930, Aquarelle sur papier, 64,4 × 48,6 cm, collection particulière, Québec.

Janvier à Québec, 1965, Huile sur toile, 107 × 152 cm. [R176]
Jenny, 1964, Huile sur toile, 38 × 26 cm. [R231]
Jeune Anglais, 1966, Huile sur toile, 61 × 46 cm. [R285]
Jeune clown, 1970, Huile sur toile, 34 × 24 cm. [R196]
Jeune fille au bord de la mer, 1961, Huile sur toile, 77 × 31 cm. [R171]
Jeune fille au chapeau, v. 1971, Huile sur toile, 67,6 × 41,4 cm, Hélène et Jean-Marie Roy, Québec.
Jeune fille dans le vent, 1964, Huile sur toile, 87,3 × 62,5 cm, Musée du Québec.
Jeune fille en jaune, 1964, Huile sur toile, 109 × 61 cm, collection particulière.
Jeune fille et cavalier, 1982, Plume feutre sur papier, 45 × 60 cm, collection particulière, Québec.
Jeune fille ou Hildegarde, 1963, Huile sur toile, 27,5 × 19,8 cm, Musée du Québec.

Jeune fille triste, v. 1988, Huile sur toile, 40,5 × 50,8 cm, collection particulière, Québec.

Jeune garçon, 1963, Huile sur toile, 26,2 × 18,7 cm, Musée du Québec.

Jeune homme au chapeau, 1962, Huile sur toile, 48 × 32 cm. [R171]

Julie et l'univers, 1965, Huile sur toile, 104 × 112 cm, collection particulière.

Killer Joe, 1972, Huile sur toile, 81,3 × 20,3 cm, collection particulière, Québec. [R170]

L'adieu, v. 1968, Huile sur toile, 36,5 × 110,3 cm, Musée du Québec.

L'ange blanc, 1958, Huile sur toile, 128 × 58 cm. [R221]

L'Annonciation, s.d., Huile sur toile. [R221]

L'anse sauvage, 1963, Huile sur toile, 106,5 × 146 cm, Vancouver Art Gallery. [R122]

L'apôtre, 1966, Huile sur toile, 107 × 76 cm, collection particulière.

L'averse, fous de bassan, 1981, Huile sur toile, 25,5 × 30,5 cm, collection particulière, Québec.

L'enfant de choeur, 1957, Huile sur toile, 101,6 × 25,4 cm, collection particulière.

L'enfer ce sont les autres, 1987, Huile sur toile, 114,5 × 91,8 cm, collection particulière, Québec.

L'énigme, 1964, Huile sur toile, 104 × 159 cm, collection particulière.

L'été, 1959, Huile sur toile, 53 × 126 cm, London Regional Art & Historical Museums, Ontario. [R115]

L'été à Montréal, 1959, Huile sur toile, 57,5 × 126,5 cm, Musée d'art contemporain de Montréal. [R187]

L'été canadien, 1965, Huile sur toile, 71 × 150 cm. [R185]

L'été 1914, 1965, Huile sur toile, 79,3 × 175,4 cm, collection particulière.

L'hiver, 1969, Huile sur toile, 188 × 131 cm, collection particulière. [R206]

L'homme prisonnier (L'angoisse), 1967, Huile sur toile, 135 × 79 cm, collection particulière. [R239]

L'orée, 1975, 38 × 50 cm. [R154]

L'orpheline, 1956, Huile sur toile, 60,9 × 45,6 cm, Musée des beaux-arts du Canada, Ottawa. [R237]

La baigneuse, 1964, Huile sur toile, 86 × 80 cm, collection particulière.

La chasse, 1972. [R218]

La chasse à courre, 1976, Huile sur toile, 43 × 128 cm, collection particulière.

La chasse à la perdrix, 1973, Huile sur toile, collection particulière.

La chasse d'octobre, 1971, Huile sur toile, 107 × 81 cm, collection particulière.

La chasse de novembre, 1975, Huile sur toile, 40,5 × 171 cm, collection particulière.

La chevauchée, 1972, Gouache. [R145]

La cravate rouge, 1965, 33 × 18 cm. [R129]

La dame de coeur, 1979, Huile sur toile, 112,2 × 43,5 cm, Musée du Québec.

La ferme, 1957, Huile sur toile, 51 × 103 cm, Vancouver Art Gallery.

La fête, 1963, Huile sur toile, 89 × 176 cm. [R197]

La fête au couvent, 1955, Huile sur toile, 108,3 × 142,9 cm, Musée des beaux-arts du Canada, Ottawa.

La Fête-Dieu à Québec, 1944, Huile sur toile, 152,7 × 122,1 cm, Musée du Québec.

La Floride, 1965, Huile sur toile, 91,4 × 134,6 cm, Musée des beaux-arts de Montréal.

La grande terre, 1960, 65 × 104 cm. [R121]

La jetée à Menton, 1955, 27 × 34 cm. [R100]

La jupe rose, 1960, 100 × 32 cm. [R119]

La leçon, v.1955, Huile sur carton-toile, 54,4 × 45,7 cm, collection particulière, Québec.

La médecine à Québec, 1956, Étude pour la murale de l'université Laval, Huile sur toile, 107 × 203 cm, collection particulière, Montréal.

La moisson, 1966, Huile sur toile, 28 × 36 cm. [R186]

La mort par un clair matin, 1963, Huile sur toile, 106,7 × 78,7 cm, collection particulière.

La Nativité, 1966, Huile sur toile, 73 × 104 cm, collection particulière.

La Nouvelle France, 1972, Huile sur toile, 71 × 122 cm, M. et Mme Marius Lessard. [R211]

La nuit à Québec-Ouest, 1964, Huile sur toile, 41 × 109 cm, collection particulière, Québec.

La paroisse, v. 1972-1974, Huile sur toile (tryptique), 61 × 183 cm, Marc et Andrée Boucher, Sainte-Foy, Québec.

La partie de cartes, 1932, 23 × 28 cm [R32]

La pointe de l'Islet, 1964, Huile sur toile, 21,75 × 73,5 cm, collection particulière, Montréal.

La prairie, 1964, Huile sur toile, 63,5 × 110,5 cm, collection particulière.

La promenade des Anglais, 1955, Huile sur toile. [R100]

La route vers la mer, 1964, Huile sur toile, 34 × 48 cm. [R267]

La semence, 1966, Huile sur toile, 20 × 61 cm. [R175]

La servante, 1966, Huile sur toile, 109 × 74 cm, collection particulière. [R233]

La sœur blanche, 1961, Huile sur toile, 133 × 76 cm, CIL, Montréal.

La statue, 1954, Huile sur toile, 107 × 130 cm. [R97]

La tuque bleue, 1976, Huile sur toile, 35,5 × 46 cm, collection particulière.

La vieille dame souriante, 1965, Huile sur toile, 109,2 × 71 cm, collection particulière.

La vieille servante, 1966, Huile sur toile. [R238]

La ville, 1958, Huile sur toile, 58 × 127 cm. [R179]

La ville illuminée, 1961, Huile sur toile, 45,7 × 95,4 cm, Art Gallery of Hamilton.

La ville inondée, 1962. [R257]

La ville lointaine, 1956, Huile sur toile, 49,1 × 110,3 cm, Musée des beaux-arts du Canada, Ottawa. [R 179]

La visite, 1967, Huile sur toile, 170 × 107,3 cm, Musée des beaux-arts du Canada, Ottawa.

La visite du jour de l'An, 1971, Huile sur toile, 81 × 134 cm, collection particulière. [R198]

Lazare, 1941, Huile sur masonite, 101 × 83,5 cm, Musée des beaux-ars de l'Ontario, Toronto. [R71]

Le beau monde, 1969, Huile sur toile, 56 × 91 cm, Lucie et Claude Vary. [R224]

Le bel hiver, 1966, Huile sur toile, 42,5 × 68,25 cm, Hydro-Québec, Montréal. [R 188]

Le bois de Sainte-Adèle, 1958, Huile sur toile, 73,5 × 127,3 cm, Mendel Art Gallery, Saskatoon.

Le camion rouge, v. 1989, Huile sur toile, 153 × 184 cm, collection particulière, Québec.

Le cavalier, 1964, Huile sur toile. [R217]

Le cavalier nu, 1972, 43 × 36 cm. [R231]

Le champ défriché, 1975, Huile sur toile, 40,5 × 173 cm, Marc et André Boucher, Sainte-Foy, Québec.

Le champ de trèfles, 1971, Huile sur toile, 109 × 82,5 cm, Collection coopérative, Ottawa.

Le champ illuminé, 1965, Huile sur toile, 56 × 107 cm. [R 178]

Le chandail rouge, 1958, Huile sur toile, 119,4×52 cm, Hart House Permanent Collection, Université de Toronto. [R114]

Le chapeau noir, 1972, Huile sur toile, 61 × 182 cm, collection particulière. [R146].

Le chemin qui ne mène nulle part, 1956, Huile sur toile, 46 × 61 cm. [R108]

Le collier, 1961, Huile sur toile. [R228]

Le conseil du village, 1936, Huile sur toile, 87 × 112,4 cm, collection particulière, Québec.

Le cortège, v. 1976, Huile sur toile, 23 × 91,7 cm, Hélène et Jean-Marie Roy, Québec.

Le couple, v. 1962, Huile sur toile, 46 × 30 cm, collection particulière, Montréal.

Le déjeuner, 1954, 47 × 61 cm. [R96]
Le déjeuner, 1965, Huile sur toile, 79 × 38 cm. [R227]
Le dessert, 1970, Huile sur toile, 68 × 46 cm. [R205]
Le Far West, 1955, Huile sur toile, 52,7 × 132,1 cm, Musée des beaux-arts de Montréal.
Le grand nu, 1966, Huile sur toile, 132 × 90 cm, collection particulière, Québec.
Le long voyage, 1963, 102 × 145 cm. [R123]
Le magazine Maclean's, (page couverture), 1962, Huile sur papier, 33,5 × 27 cm, collection particulière, Québec.
Le manoir, 1966, Huile sur toile, 42 × 67 cm, collection particulière.
Le parasol noir, 1965, Huile sur toile, 112 × 53 cm, collection particulière.
Le petit Arlequin, 1959, Huile sur toile, 120 × 60 cm. [R237]
Le pique-nique, 1944, Huile sur toile, 66 × 51,1, Musée du Québec.
Le printemps, 1954, Huile sur toile, 38 × 61 cm. [R96]
Le rapide, 1968, Huile sur toile, 101,6 × 203,2 cm, collection particulière, Cowansville.
Le ruban bleu, 1974, 18 × 15 cm. [R171]
Le silence, 1976, Huile sur toile, 78,5 × 282,5 cm, collection particulière.
Le skieur, 1964, Huile sur toile, 41 × 51 cm. [R187]
Le soleil de la guerre, v. 1982, Huile sur toile, 40,9 × 50,8 cm, collection particulière, Québec.
Le soleil rouge, v. 1982, Huile sur toile, 107 × 203,4 cm, collection particulière, Québec.
Le soleil se lève. Le soleil s'en va, v. 1968, Huile sur toile.
Le tapis rouge, 1957, Huile sur toile, 81 × 65 cm, Musée du Québec.
Le témoin, 1963, Huile sur toile, 79 × 107 cm, collection Zanettin, Québec. [R220]
Le temps de Noël, 1974, Huile sur toile, 150 × 75 cm. [R182]
Le temps d'hiver, 1968, Huile sur toile, 128 × 164 cm, Air Canada, Montréal. [R142]

Le train de midi, 1956, Huile sur toile, 63 × 110,5 cm, Musée des beaux-arts du Canada, Ottawa.

Le visiteur du soir, 1956, Huile sur toile, 80,4 × 110 cm, Musée des beaux-arts du Canada.

Les appartements Stanford, 1965, Huile sur toile, 107 × 66 cm, collection particulière.

Les baigneurs sur le quai, 1936, Huile sur toile, 56 × 76 cm, Power Corporation du Canada, Montréal.

Les beaux jours, 1937, Huile sur toile, 65,5 × 53,7 cm, collection particulière, Québec.

Les champs blancs, 1956. [R111]

Les chasseurs, scène d'automne à Charlevoix, 1946, Huile sur masonite, 70,5 × 91,4 cm, Musée du Québec.

Les deux cavaliers, 1972, Huile sur toile, 127 × 177cm, collection particulière. [R242]

Les Éboulements, 1935, Aquarelle. [R33]

Les enfants de chœur, 1966, Huile sur toile, 109 × 58 cm. [R222]

Les gémeaux, 1983, Lavis à l'huile et térébenthine sur papier, 40,5 × 60,5 cm, Amiot Jolicœur, Québec.

Les glaces au bord de la mer, 1962, 69 × 109 cm. [R117]

Les grandes personnes, 1960, Huile sur toile, 99,1 × 132,1 cm, Musée des beaux-arts de Montréal.

Les grands prés, 1964, Huile sur toile, 107 × 147 cm, Banque Royale du Canada, Montréal.

Les hauteurs d'Abraham, 1963, Huile sur toile, 66 × 107 cm. [R175]

Les indésirables, 1968, Huile sur toile. [R178]

Les masques, 1973, Huile sur toile, 84 × 129 cm, M. et Mme Gilles Boisonneault. [R209]

Les mi-carêmes, 1962, Huile sur toile, 88,5 × 134,6 cm, collection particulière. [R196]

Les moniales, 1965, Huile sur toile, 107 × 205 cm, collection particulière.

Les noces de juin, 1972, Huile sur toile, 114 × 178 cm, Société Radio-Canada, Montréal.

Les noces d'or, 1966, Huile sur toile, 130,4 × 171,4 cm, Musée du Québec.

Les Parques, 1962, Huile sur toile, 71 × 110 cm. [R203]

Les patineurs du soir, 1962, Huile sur toile, 27 × 175 cm, collection particulière.

Les perles, 1963, 130 × 53 cm. [R228]

Les promeneurs, 1963, Huile sur toile, 107 × 147 cm. [R183]

Les servantes, 1953, Huile sur masonite, 77,2 × 47,8 cm, M. Amiot Jolicoeur, Québec.

Les temps passés, 1965, Huile sur toile, 74 × 109 cm. [R208]

Les Ursulines, Huile sur toile, 1951, 61 × 76,1 cm, Musée du Québec.

Mademoiselle, 1960, Huile sur toile, 110 × 74 cm. [R171]

Marie-Gemma, 1958, Huile sur toile, 72 × 57 cm. [R287]

Marine, 1957, 82 × 46 cm. [R115]

Mars, 1961, Huile sur toile, 41 × 82,2 cm, The Edmonton Art Gallery. [R185]

Médecine, 1956, 300 × 550 cm, Université Laval, Québec. [R113]

Mère et enfant, 1965, Huile sur toile, 74 × 51 cm. [R204]

Métropole, 1960, Huile sur toile, 59 × 132 cm. [R249]

Midi, s.d., Huile sur toile, 69 × 112 cm. [R190]

Miss Knight, 1961, Huile sur toile, 135 × 71 cm. [R227]

Mon ange, 1958, Huile sur toile, 107 × 43 cm, collection particulière, Montréal.

Mon oncle Victorin, 1965, Huile sur toile, 51 × 100 cm. [R247]

Mgr de Laval, s.d., Huile sur toile, 60 × 30 cm. [R272]

Montréal l'hiver, 1965, Huile sur toile, 41 × 135 cm. [R182]

Nativité, 1966, Huile sur toile, 72 × 102 cm. [R219]

Nicolas, 1961, 81 × 46 cm. [R286]

Notre-Dame protégeant Québec, 1942, Huile sur toile, 64 × 49,2 cm. Musée du Séminaire de Québec. [R69]

Novembre, 1962, Huile sur toile, 51 × 124 cm. [R188]

Nu, 1966, 107 × 58 cm. [R238]

Nu sur fond bleu, 1963, Huile sur toile, 110 × 61 cm. [R232]

Nuit d'été, 1962 Huile sur toile, 109 × 74 cm. [R189]

Nuit sans étoile, 1964, Huile sur toile, 56 × 109 cm. [R 177]

Orion, 1967, Huile sur toile, 178 × 129 cm, collection particulière, Montréal.

Parasol noir, 1965, Huile sur toile, 110 × 53 cm, collection particulière, Montréal.

Pastor et nauta Paul VI, 1973, Huile sur toile, 122,2 × 71 cm, collection particulière, Québec. [R222]

Patineurs à Montmorency, 1939, Aquarelle, 76 × 102 cm [R67]

Paysage, 1935, Huile sur toile, 48 × 55,9 cm, Musée du Québec.

Paysage avec personnage, 1963, Huile sur toile, 56 × 109 cm. [R170]

Paysage avec deux personnages, 1965, Huile sur toile, 107 × 165 cm. [R129]

Paysage (bruine), 1966, Huile sur toile, 30,5 × 110,5 cm, M. Amiot Jolicœur, Québec.

Paysage de Charlevoix, 1935, Huile sur toile, 61,4 × 79,4 cm, Musée du Québec.

Paysage de Saint-Antoine de Tilly, 1950, Huile sur toile, 20 × 25 cm, Galerie Le Parrain des artistes, Québec. [R 88]

Paysage des Cantons de l'Est, Huile sur masonite, 1936, 55,9 × 75,6 cm, Musée du Québec.

Paysage urbain, 1976, Huile sur toile, 24 × 33 cm, collection particulière.

Petit frère convers, 1971, Huile sur toile, 41 × 10 cm, collection particulière.

Petit garçon, 1964, Huile sur toile, 39 × 28 cm, collection particulière.

Petit nu rose, 1963, 48 × 30 cm. [R231]

Petit Pierre, v. 1964, Huile sur toile, 43 × 32 cm, collection particulière, Montréal.

Petite Ville, 1963, Huile sur toile. [R 275]

Pise, 1965, Huile sur toile, 109,2 × 72,9 cm, Musée du Québec.

Plage, 1974, Dessin. [R144]

Plage américaine, 1973, Huile sur toile, 122 × 183 cm. [R181]
Pleine Lune, 1966, Huile sur toile, 132 × 88 cm, collection particulière, Montréal.
Port-au-Persil, 1950, Huile sur toile, 26 × 21 cm, collection particulière. [R87]
Portrait, 1961, Huile sur bois, 50,8 × 30, 7 cm, collection particulière, Québec.
Portrait, 1973, Dessin, 66 × 51 cm. [R224]
Portrait d'Anne, 1972, Huile sur toile, 64 × 48 cm, collection particulière. [R283]
Portrait d'évêque, s.d., Huile sur toile, 64 × 49 cm. [R222]
Portrait de Claude, 1953, Huile sur toile, 50 × 38 cm. [R280]
Portrait de femme, 1985, Huile sur toile, 41 × 30,8 cm, collection particulière, Québec.
Portrait de Gabriel, 1951. [R90]
Portrait de l'artiste, 1974, Huile sur toile, 167 × 79,5 cm, collection particulière, Québec.
Portrait de Madeleine, 1935, Huile sur masonite, 76,2 × 55,9 cm, collection particulière, Québec.
Portrait de profil, 1961, Huile sur toile, 51 × 31 cm. [R227]
Portrait du Cardinal Léger, 1962, Huile sur toile, 100 × 70 cm. [R286]
Promenade, 1972, 41 × 34 cm. [R285]

Quai de l'Isle-aux-Coudres, 1926, Aquarelle sur papier, 22,9 × 34,3 cm, collection particulière, Québec.
Québec: projet de fresque, 1949, Huile sur toile, 101,6 × 25,4 cm, Reine Elizabeth II. [R93]
Québec brûle, 1967, Huile sur toile, 53 × 178 cm, M. et Mme W. Sofin. [R256]

Rayon de soleil, 1964, 76 × 112 cm. [R127]
Remembered, 1957, Huile sur toile, 109 × 149 cm, collection particulière.
Rencontre, 1968, Huile sur toile, 38 × 61 cm. [R225]

Sainte-Adèle en hiver, 1933, Huile sur bois, 30,2 × 38,6 cm, Musée du Québec.

Samuel, 1963, Huile sur toile, 87 × 56 cm, collection particulière.

Sans titre (Chutes Montmorency), 1941, Aquarelle sur papier, 19,4 × 20,9 cm, collection particulière, Québec.

Sans titre (La ville, la nuit), v 1987, Huile sur toile, 96 × 127,8 cm, collection particulière, Québec.

Sans titre (Scène urbaine), v. 1989, Huile sur toile, 61,1 × 51 cm, collection particulière, Québec.

Sans titre (Scène urbaine), v. 1989, Huile sur toile, 50,9 × 40,9 cm, collection particulière, Québec.

Sans titre (Soldat), 1982, Huile sur toile, 41 × 51,1 cm, collection particulière, Québec.

Sans titre (S.S. Rivière-du-Loup), 1956, Huile sur toile, 40,5 × 50,7 cm, Winnipeg Art Gallery.

Scène d'enterrement, 1945, Huile sur toile, 30 × 36 cm, collection particulière. [R80]

Soleil d'après-midi, 1933, Huile sur toile, 76,7 × 86,7 cm, Musée du Québec.

Soleil de midi, Menton, 1955, Huile sur carton-toile, 55 × 45,7 cm, collection particulière, Québec.

Soleil sur la ville, 1958, Huile sur toile, 36 × 104 cm. [R 177]

Solitude, 1953, Huile sur toile, 41 × 61 cm. [R91]

Solitude de l'homme, 1962, Huile sur toile, 48 × 110 cm. [R213]

Solstice d'hiver, s.d., Huile sur toile, CIL, Montréal. [R186]

Supermarché, 1964, Huile sur toile, 84 × 51 cm. [R210]

Sylvain et les étoiles, 1970, Huile sur toile, 123 × 74 cm, Equinox Gallery, Vancouver.

Tempête de neige, 1974, Huile sur toile, 15 × 18 cm. [R187]

Terminus, 1962, Huile sur toile, 74 × 102 cm, CIL, Montréal. [R212]

Terrasse Dufferin, 1967, Huile sur toile, 89 × 137 cm, M. et Mme W. Sofin. [R183]

Terrasse sur la Côte d'Azur, 1955, Huile sur toile, 36 × 28 cm. [R100]

Tête sur fond jaune, 1974, Huile sur toile. [R172]

The Aftermath/La ville détruite, 1968, Huile sur toile, 50,5 × 136 cm, collection particulière, Québec.

The Birds I Have Known, 1947, 23 × 26 cm. [R81]

Ti-Gus, 1962, Huile sur toile, 115 × 76 cm. [R287]

Tombée du jour, 1964, Huile sur toile, 107 × 165 cm. [R193]

Tourné vers le cosmos, v. 1980-1985, Huile sur toile, 135 × 70,5 cm, collection particulière, Québec.

TransCanada, 1974, tapisserie de l'Atelier Saint-Cyr, France, 106 × 365 cm, collection particulière.

Traverse d'hiver, 1964, Huile sur toile, 51 × 109 cm, collection particulière.

Trois femmes, 1972, 43 × 36 cm. [R202]

Un âge va, un âge vient, 1972, 36 × 43 cm. [R52]

Un album de famille, 1958, Huile sur toile. [R198]

Un chemin en hiver, 1966, Huile sur toile, 58 × 135 cm. [R135]

Un homme tout seul, v. 1987, Huile sur toile, 20,3 × 25,4 cm, collection particulière, Québec.

Une famille, 1966, Huile sur toile, 175 × 109 cm. [R201]

Une journée à la campagne, 1967, Huile sur toile, 20 × 178,3 cm, Musée du Québec.

Une maison à la campagne, v. 1973, Huile sur toile, 71,1 × 127,1 cm, Hélène et Jean-Marie Roy, Québec.

Vent de mer, 1963, Huile sur toile, 71 × 109 cm, Musée du Québec.

Ville, 1940, 15 × 15 cm.

Ville enneigée, 1963, Huile sur toile, 87,2 × 142,2 cm, Musée du Québec.

Voyage au bout du temps, 1973, Huile sur toile, 76 × 110 cm, collection particulière. [R204]

Voyage dans la nuit, 1963, Huile sur toile, 64 × 109 cm. [R194]

Year 2082, 1972, carnet de cinq dessins (*Ericson Exploring a Montreal Street*; *Ericson in a Ruined Hotel in Montreal*; *Mushroom Road Towards Montreal*), Huile et mine de plomb sur papier, 22,5 × 30,21 cm, collection particulière, Québec.

Livres illustrés par Jean Paul Lemieux

BRUCHÉSI, Jean, *L'épopée canadienne.* Montréal, Granger, 1934, 206 p. (illustré en collaboration avec René Chicoine)

CHOQUETTE, Robert, *La pension Leblanc.* Montréal, Éd. Louis Carrier/Éd. du Mercure, 1927, 305 p., 5 illustrations.

DESROSIERS, Emmanuel, *La fin de la terre.* Montréal, Librairie d'Action canadienne-française, 1931, 108 p., 5 illustrations.

ERNEST-BEATRIX, *Chez les sauvages.* Montréal, Librairie d'Action canadienne-française, 1931, 172 p., 12 illustrations.

MAXINE, *Le petit page de Frontenac.* Montréal, Librairie d'Action canadienne-française, 1930, 171 p., 12 illustrations.

ROY, Régis, *Le manoir hanté.* Montréal Ed. Louis Carrier/Les Cahiers populaires, 1928, 227 p., 10 illustrations.

Albums et livres d'art [1]

Canada/Canada. Textes choisis. Préface de Pierre Elliott Trudeau. Introduction de Pierre Berton. Éditions ASL, 1985. Album de 12 sérigraphies signées et numérotées par l'artiste. Tirage limité à 225 exemplaires numérotés de 1 à 225, 20 exemplaires épreuve d'artiste numérotés de E.A. 1 à E.A. 20, 9 exemplaires épreuve d'atelier, 2 exemplaires de dépôt légal et 15 hors commerce numérotés de H.C. I à H.C. XV.

1. Les illustrations de ces divers ouvrages sont rassemblées dans la monographie de Marcel DUBÉ, *Jean Paul Lemieux et le livre.*

Jean Paul Lemieux retrouve Maria Chapdelaine. Texte de Jean Paul Lemieux et notes liminaires de Jean-Noël Tremblay. Montréal, Éditions internationales Alain Stanké, 1981. Album de 10 photolithographies signées par l'artiste. Tirage limité à 5000 exemplaires, plus édition grand-luxe limitée à 140 exemplaires, dont 125 numérotés de 1 à 125, 10 hors commerce numérotés de I à X et 5 marqués JPL 1 à JPL 5.

La petite poule d'eau de Gabrielle Roy. Montréal, Éditions Gilles Corbeil, 1971, 96p. Album de 20 estampes originales numérotées et signées par l'artiste. Tirage limité à 200 exemplaires, plus 20 exemplaires hors commerce numérotés I à XX accompagnés chacun d'une suite d'épreuves et d'une gouache et 10 exemplaires marqués de A à J et réservés aux collaborateurs.

Time Remembered. Préambule de Jean Paul Lemieux. Montréal, Toronto, Calgary. Éditions Mira Godard, 1980. Album de 15 planches en fac-similés des peintures. Tirage limité et signé par l'artiste avec une lithographie originale: *Les jours à Kent House, 1905* signée et numérotée par l'artiste. L'édition comprend 100 volumes numérotés de 1 à 100, 5 épreuves d'artiste numérotées de AP I à AP V, et 25 albums hors commerce numérotés de HC I à HC XXV.

Table des matières

DEUXIÈME PARTIE

LE CORPS ET LA RELATION À L'AUTRE

Achevé d'imprimer
chez
Marc Veilleux,
Imprimeur à Boucherville,
en juillet mil neuf cent quatre-vingt-seize